LA LIBERACION DEL ESPIRITU

Watchman Nee

EDITORIAL BETANIA

LA LIBERACION DEL ESPIRITU

Watchman Nee

EDITORIAL BETANIA

Contenido

ISBN: 978-0-88113-255-7

Printed in U.S.A.

E-mail: caribe@editorialcaribe.com

16a Impresión
www.caribebetania.com

Prefacio a la
Edición en castellano

Cada libro de Watchman Nee tiene la virtud de presentar en términos simples los grandes propósitos de Dios para con su pueblo.

Este nuevo libro pone de manifiesto desde sus primeras páginas, que la gran necesidad para todo siervo de Dios es permitir que el hombre exterior sea quebrantado para que pueda producirse LA LIBERACION DEL ESPIRITU.

Una de las semejanzas que Nee utiliza es la del grano de trigo, en cuyo interior late el germen de la vida, pero recubierto por una dura cáscara. Si ésta no se quiebra, la vida encerrada en el interior no puede manifestarse. Otra de las semejanzas utilizadas es la del alabastro de nardo puro. Para que la fragancia pueda llenar la casa, es imprescindible que el alabastro sea quebrantado. Así es como llegamos a entender por qué nuestra vida, servicio y devoción a Dios se hallan tan estrechamente vinculados a la experiencia del quebrantamiento.

El método que el Espíritu Santo utiliza, varía según el predominio que nuestros pensamientos o afectos tienen

*sobre todo nuestro ser. En éste el orgullo debe ser que-
brantado; en aquél la vanidad; en el otro su sentido de
superioridad; en el de más allá la sabiduría humana y en
éste su propia suficiencia. Dios desea una voluntad ren-
dida incondicionalmente a El. Sólo entonces se produce el
gran cambio y sólo así nuestro orgullo, obstinación, egoísmo, severidad para con los demás, etc., dejan de ser un
obstáculo y llegamos a ser lo que el Señor anhela que
seamos: "mansos y humildes de corazón". Para efectuar
esta operación son necesarios el fuego del Espíritu Santo
con su tremendo poder y los ríos de agua para limpiar a
fondo.*

Prefacio a la
Edición en inglés

AL leer este manuscrito hemos recibido la impresión de que es un mensaje vital que necesita ser compartido y conocido por todos los que buscan al Señor, y ansían que sus vidas se conviertan en un canal. Uno no puede adelantar mucho en la lectura sin percibir que el anhelo y la oración de Watchman Nee es que la iglesia pueda conocer al Señor de la manera más plena, que el pueblo de Dios pueda ser cada vez más fructífero para Él, que Él pueda encontrar el mínimo de impedimento en noso tros y que Él pueda ser liberado completamente a través de nuestro espíritu disciplinado y vivificado.

Con toda seguridad, ésta es la hora en que el campo de batalla está en el alma. Mientras el Señor está buscando obrar a través del espíritu vivificado, Satanás está buscando hacer su obra por medio de la vida natural del alma, que aún no haya sido traída bajo el control del Espíritu.

En sus muchos años de labor con otros colegas, el hermano Nee ha visto la necesidad del quebrantamiento.

Es casi como si él estuviera personalmente aquí, sobre la escena religiosa de América, sintiendo la gran necesidad del quebrantamiento entre los obreros cristianos. Puede ser que algunos no estén preparados para una dosis tan amarga de medicina espiritual; no obstante creemos que cualquiera con discernimiento y hambre, estará de acuerdo en que el quebrantamiento de los poderes del alma es imperativo si el espíritu humano ha de expresar la vida del Señor Jesús.

Amados, estamos convencidos de que este asunto, del verdadero quebrantamiento ante el Señor, es la gran necesidad de esta hora final. Alguien ha dicho con certeza que el Señor usa para su gloria a aquellos siervos que están más perfectamente quebrantados. ¿No es ésto lo que Isaías quiso decir cuando exclamó: "El cojo saltará como un ciervo" (Isaías 35:6)? Seguramente, cuando el hermoso vaso de alabastro ha recibido el golpe que lo quiebra, la fragancia del perfume es dejada en libertad para que llene la casa con frescura y avivamiento.

Es con gran regocijo, entonces, que vemos difundirse este mensaje. Confiamos en que llegará a cada parte del cuerpo de Cristo y realizará una liberación de su vida a través de los muchos canales que han estado esperando este mismo mensaje para llenar su necesidad. ¡Que así sea para su eterna gloria, alabanza y honor!

DEAN BAKER

Lecturas Bíblicas

"De cierto, de cierto os digo, que si el grano de trigo no cae en la tierra y muere, queda solo; pero si muere, lleva mucho fruto. El que ama su vida, la perderá; y el que aborrece su vida en este mundo, para vida eterna. la guardará." (Juan 12:24, 25)

"Porque la palabra de Dios es viva y eficaz, y más cortante que toda espada de dos filos; y penetra hasta partir el alma y el espíritu, las coyunturas y los tuétanos, y discierne los pensamientos y las intenciones del corazón. Y no hay cosa creada que no sea manifiesta en su presencia; antes bien todas las cosas están desnudas y abiertas a los ojos de aquel a quien tenemos que dar cuenta." (Hebreos 4:12, 13)

"Mas la hora viene, y ahora es, cuando los verdaderos adoradores adorarán al Padre en espíritu y en verdad; porque también el Padre tales adoradores busca que le adoren. Dios es Espíritu; y los que le adoran, en espíritu y en verdad es necesario que adoren." (Juan 4:23, 24)

"Porque ¿quién de los hombres sabe las cosas del hombre, sino el espíritu del hombre que está en él? Así tampoco nadie conoció las cosas de Dios, sino el Espíritu de Dios... Pero el hombre natural no percibe las cosas que son del Espíritu de Dios, porque para él son locura y no las puede entender, porque se han de discernir espiritualmente." (1ª Corintios 2:11, 14)

"...el cual asimismo nos hizo ministros competentes de un nuevo pacto, no de la letra, sino del espíritu; porque la letra mata, mas el espíritu vivifica." (2ª Corintios 3:6)

"Porque testigo me es Dios, a quien sirvo en mi espíritu en el evangelio de su Hijo..."

"Pero ahora estamos libres de la ley, por haber muerto para aquella en que estábamos sujetos, de modo que sirvamos bajo el régimen nuevo del Espíritu y no bajo el régimen viejo de la letra."

"...para que la justicia de la ley se cumpliese en nosotros, que no andamos conforme a la carne, sino conforme al Espíritu. Porque los que son de la carne piensan en las cosas de la carne; pero los que son del Espíritu, en las cosas del Espíritu. Porque el ocuparse de la carne es muerte, pero el ocuparse del Espíritu es vida y paz. Por cuanto los designios de la carne son enemistad contra Dios; porque no se sujetan a la ley de Dios, ni tampoco pueden; y los que viven según la carne no pueden agradar a Dios." Romanos 1:9ª; 7:6; 8:4-8)

"Digo, pues: Andad en el Espíritu, y no satisfagáis los deseos de la carne... Mas el fruto del Espíritu es amor, gozo, paz, paciencia, benignidad, bondad, fe, mansedumbre, templanza; contra tales cosas no hay ley... Si vivimos por el Espíritu, andemos también por el Espíritu." (Gálatas 5:16, 22-23, 25)

Introducción

PARA que el lector aprecie correctamente estas lecciones, unas pocas aclaraciones preparatorias serán de ayuda.

En primer lugar debemos acostumbrarnos a la terminología que emplea el hermano Nee. El ha escogido llamar al espíritu del hombre, el hombre interior; llama al alma del hombre, el hombre exterior y para el cuerpo usa el término "el hombre de más afuera". También será de ayuda entender que Dios, al crear al hombre originalmente, tuvo por intención que el espíritu del hombre fuese su hogar y morada. Por lo tanto, el Espíritu Santo uniéndose con el espíritu humano iba a gobernar el alma, y el espíritu y el alma usarían el cuerpo como medio de expresión.

En segundo lugar, cuando Watchman Nee habla de destruir el alma, puede parecer que está empleando una palabra demasiado fuerte, como si implicara aniquilación. En realidad, la sustancia completa de su mensaje claramente señala que el alma en vez de funcionar independientemente, debe llegar a ser el órgano o el recipiente para el espíritu. Así que es la **acción independiente del alma** la que debe ser destruida.

T. A. Sparks sabiamente ha señalado:

"Debemos tener cuidado que al reconocer el hecho de que el alma ha sido seducida, llevada cautiva, oscurecida y envenenada con un interés propio, no lo consideramos como algo para ser aniquilado y destruido en esta vida. Esto sería ascetismo, una forma de budismo. El resultado de tal comportamiento es usualmente sólo otra forma de la actuación del alma en un grado exagerado; quizás ocultismo. La totalidad de nuestra naturaleza humana está en nuestras almas, y si la naturaleza es suprimida en una dirección se vengará en otra. Este es justamente el problema de una gran cantidad de personas, si ellas solamente lo reconocieran. Hay diferencia entre una vida de supresión y una vida de servicio. La sumisión, sujeción y servicio en el caso de Cristo, en cuanto al Padre, no fue una vida de destrucción del alma, sino de descanso y deleite. La esclavitud, en su sentido malo, es la suerte de aquellos que viven totalmente en sus propias almas. Nosotros necesitamos pasar revista a nuestras ideas acerca del servicio, pues se está volviendo cada vez más común el pensamiento de que el servicio es cautiverio y esclavitud; cuando realmente es una cosa divina. La espiritualidad no es una vida de supresión. Eso es negativo. La espiritualidad es positiva; es una vida nueva y plena, no la vida vieja luchando para obtener dominio de sí misma."

En tercer lugar, debemos ver cómo el alma tiene que recibir un golpe fatal por la muerte de Cristo en cuanto a su fuerza propia y gobierno. Así sucedió con el muslo de Jacob: después que Dios lo tocó, llegó al final de su vida con la renguera. Esto ilustra claramente lo que para siempre debe estar grabado en el alma, el hecho de que ella no puede ni debe actuar por sí misma como si fuera la fuente. Nuevamente T. A. Sparks escribe:

"Como un instrumento, el alma tiene que ser ganada, dominada y regida en relación a los caminos más altos y diferentes de Dios. Es mencionada tan frecuentemente en las Escrituras, como una cosa sobre la cual tenemos que ganar y ejercer autoridad. Por ejemplo: 'Con vuestra paciencia ganaréis vuestras almas.' (Lucas 21:19). 'Habiendo purificado vuestras almas por la obediencia a la verdad.' (1ª Pedro 1:22) ...Obteniendo el fin de vuestra fe, que es la salvación de vuestras almas.' (1ª Pedro 1:9)."

Finalmente, en estas lecciones debemos ver por qué Watchman Nee insiste en que el alma (hombre exterior) sea quebrantada, dominada, y renovada para que el espíritu la use. T. A. Sparks ha dicho:

"Si nosotros somos capaces de aceptarlo o no, el hecho es que si vamos a continuar con Dios plenamente, todas las energías y habilidades del alma para conocer, entender, percibir y hacer, llegarán a su fin, y nosotros nos encontraremos, en ese lado, estupefactos, confundidos, entumecidos e impotentes. Luego, solamente un nuevo y distinto y divino entendimiento, constreñimiento y energía, nos enviará hacia adelante o nos mantendrá en marcha. En tales momentos, tendremos que decir a nuestras almas: 'Alma mía, en Dios solamente reposa' (Salmo 62:5). Pero, ¡qué gozo y fuerza hay cuando el alma, habiendo sido constreñida para ceder al espíritu, percibe una sabiduría más alta y se gloría en su vindicación! Es entonces que: 'Engrandece mi alma al Señor, y mi espíritu se ha regocijado en Dios mi Salvador' (Lucas 1:46, griego). El espíritu se ha regocijado, el alma engrandece, noten los tiempos de los verbos. Así que, para la plenitud de gozo el alma es esencial y **debe** ser traída a través de la oscuridad y muerte de su propia habilidad para aprender las realidades más altas y más profundas para las cuales el espíritu es el primer órgano y facultad." **

Cuando nos vayamos aproximando al fin de estas lecciones, habremos hallado el secreto de una vida fructífera para Él. No caigamos en la trampa, como lo han hecho muchos, de tratar de suprimir su alma o de despreciarla; pero seamos fuertes en espíritu, para que el alma pueda ser conquistada, salvada y utilizada para su gozo más pleno. El Señor Jesús ha planeado que nosotros encontremos descanso para nuestras almas, y ésto, dice Él, viene por el camino de su yugo, el símbolo de unión y servicio. Entonces apreciaremos cómo el alma encuentra su valor mayor en servir, no en gobernar. Es cierto que el alma, mientras no está quebrantada, desea ser el amo. Por medio de la Cruz, puede llegar a ser un siervo muy útil.

** (Citas de "What is Man?" por T. A. Sparks)

Capítulo 1

La importancia del quebrantamiento

CUALQUIERA que sirve a Dios descubrirá tarde o temprano que el gran impedimento en su trabajo no se encuentra en los otros, sino en sí mismo. Descubrirá que su hombre exterior y el interior no están en armonía, pues ambos se dirigen a puntos opuestos. También conocerá la incapacidad de su hombre exterior para someterse al control del espíritu, facultándolo de esta manera a obedecer los más altos designios de Dios. Detectará rápidamente que la mayor dificultad yace en su hombre exterior, pues éste le impide utilizar su espíritu.

Muchos de los siervos de Dios no son   ces de hacer ni aún las tareas más elementales. Corr   mente deberían estar capacitados por el ejercicio de   píritu

15

para conocer la Palabra de Dios, discernir la condición espiritual de otro, proclamar mensajes de Dios con unción y recibir las revelaciones de Dios. Sin embargo, debido a las distracciones del hombre exterior, su espíritu no parece funcionar debidamente. Esto se debe básicamente a que su hombre exterior nunca ha sido tratado. Esta es la razón porque avivamientos, celo, ruegos y actividad son nada más que una pérdida de tiempo. Como veremos, hay solamente un tratamiento básico mediante el cual el hombre se puede capacitar para ser útil a Dios: el quebrantamiento.

El hombre interior y el hombre exterior

Noten cómo la Biblia divide al hombre en dos partes.

"Porque según el hombre interior, me deleito en la ley de Dios' (Romanos 7:22). Nuestro hombre interior se deleita en la ley de Dios: "...el ser fortalecidos con poder en el hombre interior por su Espíritu" (Efesios 8:16). Y Pablo también nos dice: "Aunque este nuestro hombre exterior se va desgastando, el interior no obstante se renueva de día en día" (2ª Corintios 4:16).

Cuando Dios viene a morar en nuestro interior, por su Espíritu, vida y poder, Él entra a nuestro espíritu, al cual llamamos "el hombre interior". Fuera de este hombre interior está el alma, donde funcionan nuestros pensamientos, emociones y voluntad. El hombre de más afuera es nuestro cuerpo físico. Así hablaremos del hombre interior como el espíritu, el hombre exterior como el alma y el de más afuera como el cuerpo. Nunca debemos olvidar que nuestro hombre interior es el espíritu humano donde Dios mora, donde su Espíritu se amalgama con nuestro espíritu. Lo mismo que nosotros estamos vestidos de ropas, así nuestro hombre interior "lleva puesto" un hombre exterior: el espíritu "lleva puesta" el alma. Similarmente el espíritu y el alma "llevan puesto" el cuerpo. Es muy evidente que los hombres generalmente están más conscientes del hombre exterior o de el de más afuera, y apenas reconocen o entienden algo de su espíritu.

Debemos saber que el que puede ocuparse en la obra de Dios, es aquél cuyo hombre interior puede ser liberado. La dificultad básica de un siervo de Dios yace en el fracaso del hombre interior para abrirse paso a través del hombre exterior. Por lo tanto, debemos reconocer ante Dios que la primera dificultad para nuestro trabajo no está en los demás sino en nosotros mismos. Nuestro espíritu parece estar envuelto en una cáscara dura de modo que no puede abrirse paso fácilmente. Si nunca hemos aprendido a librar nuestro hombre interior haciendo que se abra paso a través del hombre exterior, no estamos en condición para servir. Nada puede impedirnos tanto como el hombre exterior. Si nuestro trabajo es fructífero o no, depende de que nuestro hombre exterior haya sido quebrantado por el Señor para que así el hombre interior pueda pasar a través de esa rotura y salir. Este es el problema básico. El Señor quiere romper nuestro hombre exterior a fin de que el hombre interior pueda tener una salida. Cuando el hombre interior es liberado, tanto los inconversos como los creyentes serán bendecidos.

La naturaleza tiene su manera de romper

El Señor Jesús nos dice en Juan 12: "Si el grano de trigo no cae en la tierra y muere, queda solo; pero si muere, lleva mucho fruto." La vida está en el grano de trigo, pero hay una cáscara muy dura en su parte exterior. Mientras esa cáscara no se rompa, el trigo no puede crecer. "Si el grano de trigo no cae en la tierra y muere..." ¿Qué es esta muerte? Es el partirse de la cáscara por medio de la obra conjunta de la temperatura, humedad, etc., en la tierra. Una vez que la cáscara sea partida, el trigo comenzará a crecer. La cuestión no es si hay vida adentro, sino más bien si la cáscara exterior está partida.

Las Escrituras continúan diciendo: "El que ama su vida, la perderá; y el que aborrece su vida en este mundo, para vida eterna la guardará". El Señor nos muestra aquí que la cáscara exterior es nuestra propia vida (la vida del alma) mientras que la vida de adentro es la vida eterna que Él nos ha dado. Para permitir que la vida interior salga, es imperativo que la vida exterior se quiebre. Si lo exterior queda intacto, lo interior nunca podrá hallar salida.

Nos dirigimos por este libro a ese grupo de personas que tiene la vida del Señor. Entre aquellos que poseen esa vida se pueden encontrar dos condiciones definidas: una incluye a aquellos en quienes la vida está confinada, restringida, encarcelada e incapacitada de salir. La otra incluye a aquellos en quienes el Señor ha abierto un camino y la vida ha sido liberada del interior de ellos. La cuestión, pues, no es cómo obtener vida, sino más bien cómo permitir que esta vida salga. Cuando decimos que necesitamos que el Señor nos quebrante, esto no es meramente una forma de expresión, ni es solamente una doctrina. Resulta vital que seamos quebrantados por el Señor. No es que la vida del Señor no pueda cubrir la tierra, sino más bien que su vida esté aprisionada por nosotros. No es que el Señor no pueda bendecir a la Iglesia, sino que su vida está tan confinada dentro de nosotros que no hay salida. Si el hombre exterior permanece intacto, nunca podremos ser una bendición para su iglesia, y no podremos esperar que la Palabra sea bendecida por Dios a través de nosotros.

El vaso de alabastro debe ser quebrado

La Biblia cuenta de nardo puro (Juan 12:3). Dios intencionalmente usó este término "puro" en su Palabra para mostrar que es verdaderamente espiritual. Pero si el vaso de alabastro no es quebrado, el nardo puro no fluirá. Por extraño que parezca muchos están aún atesorando el vaso de alabastro pensando que su valor excede al del ungüento. Piensan que su hombre exterior es más precioso que su hombre interior. Este llega a ser el problema de la iglesia. Uno puede atesorar su astucia, pensando que es de gran valor; otro, sus propias emociones estimándose como una persona importante; otros se consideran grandes, sintiendo que son mejores que los otros: su elocuencia supera a la de otros, su prontitud de acción y exactitud de juicio son superiores, etc. No obstante, no somos coleccionistas de antigüedades; no somos admiradores de vasijas; somos aquellos que desean sentir solamente la fragancia del ungüento. Sin quebrar lo exterior, lo interior no saldrá. Individualmente no tenemos fluidez, y ni aún la Iglesia conoce ese camino viviente. ¿Por qué, entonces, habríamos de considerarnos tan preciosos, si nuestro exterior está reteniendo, en lugar de soltar, la fragancia?

El Espíritu Santo no ha cesado de obrar. Un suceso tras otro, una cosa tras otra, revelan su mano sobre nosotros. Cada obra disciplinaria del Espíritu Santo tiene sólo un propósito: quebrar nuestro hombre exterior para que nuestro hombre interior pueda hallar una salida. Sin embargo aquí está nuestra dificultad: nos afligimos por pequeñeces, murmuramos ante las pequeñas pérdidas. El Señor está preparando un camino para usarnos, sin embargo apenas su mano nos toca, nos sentimos desdichados, aún al punto de discutir con Dios y volvernos negativos en nuestra actitud. Desde que fuimos salvos, hemos sido tocados muchas veces en varias maneras por el Señor, todas con el propósito de quebrantar nuestro hombre exterior. Estemos o no conscientes de ello, la meta del Señor es destruir este hombre exterior.

De modo que el tesoro está en el vaso de barro, pero si la vasija de barro no es quebrada ¿quién puede ver el tesoro que contiene? ¿Cuál es el objetivo final de la obra del Señor en nuestras vidas? Es, sin duda, quebrar este vaso de barro, quebrar nuestro vaso de alabastro, partir nuestra cáscara. El Señor ansía encontrar un camino para bendecir al mundo a través de aquellos que le pertenecen. El quebrantamiento es el camino de la bendición, el camino de la fragancia, el camino de los frutos, pero también es un sendero salpicado de sangre. Sí, hay sangre de muchas heridas. Cuando nos ofrecemos al Señor para estar a su servicio, no podemos ser indulgentes, o mezquinos. Debemos permitir al Señor que rompa por completo nuestro hombre exterior, para que Él pueda hallar un camino para su expresión.

Cada uno de nosotros debe descubrir por sí mismo lo que es el propósito del Señor en su vida. Es un hecho de lo más lamentable que muchos no saben cuál es el propósito o intención del Señor para sus vidas. ¡Cuánto necesitan que el Señor abra sus ojos para ver que todo lo que llega a sus vidas puede tener significado! El Señor no ha derrochado ni una sola cosa. Entender el propósito del Señor es ver muy claramente que Él está con la mira puesta hacia un solo objetivo: la destrucción o quebrantamiento del hombre exterior.

Sin embargo, muchos aún antes que el Señor levante una mano, ya están turbados. Debemos darnos cuenta que todas las experiencias, problemas y pruebas que el Señor nos envía son para nuestro propio bien. No podemos esperar que el Señor nos dé cosas mejores, pues éstas lo son. Si uno se aproximara al Señor y orara diciendo: "Oh, Señor, por favor déjame escoger lo mejor", creo que el Señor le diría: "Lo que yo te he dado es lo mejor; tus pruebas diarias son para tu mayor provecho". El motivo detrás de todas las órdenes de Dios es destruir nuestro hombre exterior. Una vez que esto ocurre y el espíritu puede hallar salida, comenzamos a poder ejercitar nuestro espíritu.

La medida de tiempo de nuestro quebrantamiento

El Señor emplea dos maneras diferentes para destruir nuestro hombre exterior; una es gradual, la otra rápida. A algunos, el Señor les da una destrucción repentina seguida por una gradual. Con otros, el Señor arregla que tengan pruebas constantes y diarias, hasta que un día Él produce destrucción en gran escala. Si no es la primera la rápida y luego la gradual, entonces es la gradual primero seguida por la rápida. Parecería que el Señor generalmente necesita varios años para llevar a cabo esta obra de destrucción.

La medida de tiempo está en su mano. No podemos acortar el tiempo, aunque ciertamente podemos prolongarlo. En algunas vidas el Señor puede lograr esta obra después de unos pocos años de tratamiento; en otras es evidente que después de diez o veinte años la obra está aún inconclusa. ¡Esto es muy serio! No hay nada más grave que malgastar el tiempo de Dios. ¡Cuán a menudo la Iglesia se halla impedida! Podemos predicar usando nuestra mente, podemos conmover a otros usando nuestras emociones, y sin embargo, si no sabemos usar nuestro espíritu, el Espíritu de Dios no puede tocar a las personas por medio de nosotros. La pérdida es grande, si nosotros innecesariamente prolongamos el tiempo.

Por lo tanto, si nunca antes nos hemos consagrado total e inteligentemente al Señor, hagámoslo ahora, diciendo, "Señor, para el bien de la Iglesia, para el bien del evangelio, para tu camino y también para mi propia vida me ofrezco sin condición, sin reserva, en tus manos. Señor, me deleito en ofrecerme a tí y estoy dispuesto a permitirte que hagas lo que tú quieras a través de mí".

El significado de la Cruz

A menudo oímos acerca de la cruz. Quizás estamos demasiado familiarizados con el término. Pero ¿qué es la cruz después de todo? Cuando realmente entendamos la cruz, veremos que significa el quebrantamiento del hombre exterior. La cruz reduce al hombre exterior a la muerte; parte el cascarón humano. La cruz debe destruir todo lo que pertenece a nuestro hombre exterior: nuestras opiniones, nuestras maneras, nuestra astucia, nuestro amor propio, nuestro todo. El camino es claro, transparente como el cristal.

Tan pronto como nuestro hombre exterior es destruido nuestro espíritu puede salir fácilmente. Considere a un hermano como ejemplo. Todos los que le conocen saben que tiene una mente aguda, una voluntad fuerte y emociones profundas. Pero, en vez de quedar impresionados por estas características naturales de su alma, ellos se dan cuenta que se han encontrado con su espíritu. Cada vez que la gente está en su compañía, se encuentra con un espíritu, un espíritu limpio. ¿Por qué? Porque todo lo que es de su alma ha sido destruido.

Tome como otro ejemplo a una hermana. Aquellos que la conocen saben que es de un genio vivo: rápida en pensamiento, rápida en hablar, rápida para confesar, rápida para escribir cartas y rápida para romper lo que ha escrito. Sin embargo, quienes tienen contacto con ella, no están impresionados con su rapidez sino más bien con su espíritu. Ella es una persona que ha sido totalmente destruida y se ha vuelto transparente. Esta destrucción del hombre exterior es un asunto básico. Nosotros no deberíamos aferrarnos a las características débiles de nuestra alma, emitiendo el mismo aroma después de cinco o diez años del tratamiento del Señor. Deberíamos permitir que el Señor forje un camino en nuestras vidas.

Dos razones por no ser destruidos

¿Por qué es que después de muchos años de tratamiento algunos permanecen sin cambio alguno? Algunos individuos tienen una voluntad fuerte; algunos tienen emociones fuertes, otros tienen una mente fuerte. Ya que el Señor puede destruir estas cosas, ¿cómo es que después de tanto tiempo no han experimentado ningún cambio? Creemos que hay dos razones principales.

Primero, muchos que viven en tinieblas, no pueden ver la mano de Dios. Mientras Dios está obrando, mientras Dios está destruyendo, ellos no le reconocen. Están desprovistos de luz, viendo solamente a los hombres que se les oponen. Imaginan que lo que los rodea es demasiado difícil, que las circunstancias son las culpables. Así continúan en oscuridad y desesperación.

Quiera Dios darnos una revelación para que podamos ver lo que es de su mano, para que podamos arrodillarnos y decirle: "Eres tú, y ya que eres tú, lo aceptaré". Por lo menos debemos reconocer DE QUIEN es la mano. No es una mano humana, ni de uno de nuestra familia, ni de los hermanos de la Iglesia, sino de Dios. Necesitamos aprender a arrodillarnos y besar la mano, amar la mano que nos trata, al igual que lo hacía Madame Guyon. Debemos tener esta luz para ver cualquier cosa que el Señor haya hecho y así la aceptemos y creamos. El Señor no puede equivocarse.

En segundo lugar, otro gran impedimento para la obra de la destrucción del hombre exterior es el amor propio. Debemos pedir a Dios que quite la raíz del amor propio. Cuando él nos trata en respuesta a nuestra oración, deberíamos adorar y decirle, "¡Oh, Señor, si ésta es tu mano, permíteme aceptarla con todo mi corazón!" Recordemos que la única razón para toda mala interpretación, todo mal humor, todo descontento, es que secretamente nos amamos a nosotros mismos. Así planeamos un medio por el cual nos podemos salvar. Muchas veces los problemas surgen debido a nuestra búsqueda de un camino para escapar, una huída de la obra de la cruz.

El que ha ascendido a la cruz y rehusa beber el vinagre mezclado con hiel, es aquel que conoce al Señor. Muchos suben hasta la cruz más bien de mala voluntad, aún pensando en beber vinagre mezclado con hiel para aliviar sus dolores. Todos los que dicen: "La copa que el Padre me ha dado ¿no la he de beber?", no beberán la copa de vinagre mezclado con hiel. Ellos solamente pueden beber de una copa, no de dos. Los tales carecen de amor propio. El amor propio es una dificultad básica. Quiera el Señor hablarnos hoy, para que podamos orar: "Oh, mi Dios, he visto que todas las cosas vienen de tí. Todos mis caminos durante estos cinco, diez o veinte años son de tí. Tú has obrado de tal forma para lograr tu propósito, el cual no es otro fuera de éste: que tu vida pueda ser vivida a través de mí. Yo he sido un tonto. No veía. Hice muchas cosas tratando de esquivarme, demorando así tu obra. Hoy veo tu mano. Estoy dispuesto a ofrecerme a tí. Nuevamente me coloco en tus manos."

Espere ver heridas

¡No hay nadie más hermoso que aquél que está quebrantado! El empecinamiento y el amor propio dan paso a la belleza en uno que ha sido quebrantado por Dios. Vemos a Jacob en el Antiguo Testamento, como aún en el vientre de su madre luchaba con su hermano. El era sutil, tramposo, engañador. Su vida estaba llena de tristezas y pena. Cuando era joven, huyó de su hogar. Por veinte años, fue engañado por Labán. Raquel, la esposa más querida de su corazón, murió inesperadamente. El hijo de su amor, José, fue vendido. Años más tarde, Benjamín fue detenido en Egipto. El fue sucesivamente tratado por Dios, encontrando desgracia tras desgracia. Dios le golpeó vez tras vez; en verdad, bien podría decirse que la suya es toda una historia de golpes recibidos de parte de Dios. Finalmente, después de mucho tratamiento, Jacob quedó transformado. En sus últimos años, Jacob llegó a ser completamente transparente. ¡Cuán digna fue su respuesta a Faraón! ¡Cuán hermoso fue su fin, cuando adoró a Dios sobre su bordón! ¡Cuán claras fueron sus bendiciones a sus descendientes! Después de leer la última página de su vida, queremos inclinar nuestras cabezas y adorar a Dios. Aquí está uno que ha madurado, que conoce a Dios. Varias décadas de tratamiento han tenido por resultado el quebrantamiento del hombre exterior de Jacob. En su vejez, el cuadro que se nos presenta es hermoso.

Cada uno de nosotros tiene mucho de la misma naturaleza de Jacob dentro de sí mismo. Nuestra única esperanza es que el Señor pueda abrirse paso con fuego, destruyendo al hombre exterior, a tal punto que el hombre interior pueda salir y ser visto. Esto es precioso, y éste es el camino de aquellos que sirven al Señor. Solamente así podemos servir; solamente así podemos guiar hombres al Señor. Todo lo demás es relativo en su valor. La doctrina no sirve gran cosa ni tampoco la teología. ¿De qué vale un mero conocimiento mental de la Biblia si el hombre exterior permanece sin ser quebrantado? Solamente la persona a través de quien Dios puede manifestarse es de verdadera utilidad.

Después que nuestro hombre exterior ha sido golpeado, tratado y guiado a través de distintas pruebas, tendremos heridas que permitirán que se manifieste el espíritu. Tenemos temor de encontrarnos con hermanos y hermanas cuyos seres permanecen intactos ya que no han sido tratados y cambiados. Quiera Dios tener misericordia de nosotros, en mostrarnos claramente este camino y en revelarnos que es el único camino. Quiera Él también mostrarnos que aquí se ve el propósito de todo su procedimiento con nosotros en estos pocos años, sean diez o veinte. Que nadie desprecie los tratos del Señor. Quiera Él verdaderamente revelarnos lo que significa la destrucción del hombre exterior. Si el hombre exterior quedara ileso, todo estaría meramente en nuestra mente, y sería completamente inútil. Esperamos que el Señor proceda y trate con nosotros en una forma total.

Capítulo 2

Antes y después
del quebrantamiento

EL quebrantamiento del hombre exterior es la experiencia básica de todos aquellos que sirven a Dios. Esto debe ser logrado antes que Él pueda usarnos de una manera efectiva.

Cuando uno está trabajando para Dios, dos posibles maneras de llevar a cabo la obra suelen presentarse.

Primero, es posible que, con el hombre exterior intacto, el espíritu de uno pueda estar inerte e incapacitado de funcionar. Si es una persona inteligente, su mente gobierna su trabajo; si es una persona compasiva, las emociones controlan sus acciones. Tal trabajo puede parecer exitoso, pero no puede traer otros a Dios. En segundo lugar, su espíritu puede salir vestido con sus propios

26

pensamientos y emociones. El resultado es mixto e impuro. Tal obra llevará a aquellos a quienes ministra a experiencias mezcladas e impuras. Estas dos condiciones debilitan nuestro servicio a Dios.

Si deseamos trabajar efectivamente, debemos darnos cuenta que básicamente "el Espíritu es el que vivifica". Tarde o temprano —ya sea el día de nuestra salvación, o diez años después— debemos reconocer esta realidad. Muchos tienen que ser llevados al fin de sus recursos para ver lo ineficaz de su labor, y descubrir cuán inútiles son sus muchos pensamientos, y sus variadas emociones. No importa cuántas personas usted puede atraer con sus pensamientos o emociones, el resultado es nulo. Finalmente, deberemos confesar: "el Espíritu es el que vivifica". El Espíritu solo hace que la gente viva. Tu mejor pensamiento, tu mejor emoción, no puede hacer vivir a las personas. El hombre puede ser vivificado solamente por el Espíritu. Muchos que sirven al Señor llegan a reconocer este hecho sólo después de pasar a través de mucha tristeza y fracasos. Finalmente la Palabra del Señor cobra significado para ellos: LO QUE VIVIFICA ES EL ESPIRITU. Permitir que el Espíritu sea liberado significa que los pecadores pueden tener un nuevo nacimiento y los santos pueden ser confirmados. Cuando la vida es comunicada a través del espíritu, los que la reciben tienen un nuevo nacimiento. Del mismo modo, cuando la vida es suministrada por medio del espíritu a los creyentes, resulta en que ellos sean confirmados. Sin el Espíritu no puede haber nuevo nacimiento ni afirmación en la fe.

Una cosa muy notable es que Dios no tiene intenciones de hacer distinción entre su Espíritu y nuestro espíritu. Hay muchos lugares en la Biblia donde es imposible determinar si la palabra "espíritu" indica nuestro espíritu humano o el Espíritu de Dios. Los traductores de la Biblia, desde Lutero hasta los eruditos del día actual, no han podido decidir si la palabra "espíritu", tal como es usada en muchos lugares en el Nuevo Testamento, se refiere al espíritu humano o al Espíritu de Dios.

De toda la Biblia, Romanos 8 puede bien ser el capítulo donde la palabra "espíritu" es usada con más frecuencia. ¿Quién puede discernir cuántas veces la palabra "espíritu" en este capítulo se refiere al espíritu humano y cuántas veces al Espíritu de Dios? En varias versiones, la palabra "pneuma" (espíritu) algunas veces es escrita en mayúsculas; otras veces con minúsculas. Es evidente que estas versiones no concuerdan y la opinión de ninguna persona es final. Es simplemente imposible distinguir. Cuando en la regeneración recibimos nuestro espíritu nuevo, recibimos también el Espíritu de Dios. En el momento en que nuestro espíritu humano es sacado del estado de muerte, recibimos el Espíritu Santo. A menudo decimos que el Espíritu Santo mora en nuestro espíritu, pero resulta difícil discernir cuál es el Espíritu Santo y cuál es nuestro propio espíritu. El Espíritu Santo y nuestro espíritu han llegado a estar tan amalgamados que, si bien cada uno es distinto, no son fácilmente distinguibles.

La liberación del espíritu es la liberación del espíritu humano juntamente con la liberación del Espíritu Santo que está en el espíritu del hombre. Ya que el Espíritu Santo y nuestro espíritu están unidos y forman uno, ellos pueden ser distinguidos sólo en nombre, no en hecho. Y ya que la liberación de uno significa la liberación de ambos, otras personas pueden tocar el Espíritu Santo al entrar en contacto con nuestro espíritu. Gracias a Dios que en la medida en que usted permite que las personas lleguen en contacto con su espíritu, les permite que lleguen en contacto con Dios mismo. Su espíritu ha traído al Espíritu Santo al hombre.

El Espíritu Santo en su obrar, necesita ser conducido por el espíritu humano. La electricidad en una lamparita eléctrica, no viaja como el rayo. Debe ser transmitida por medio de cables eléctricos. Si usted quiere usar electricidad, necesita un cable eléctrico para que se la traiga. De igual manera, el Espíritu de Dios emplea al espíritu humano como su conductor, y a través de él, es traído al hombre.

Cada uno que ha recibido gracia tiene al Espíritu Santo morando en su espíritu. Si él puede ser usado por el Señor no depende de su espíritu sino más bien de su hombre exterior. La dificultad de muchos es que su hombre exterior no ha sido quebrantado. No existen ni ese sendero manchado de sangre, ni esas heridas o cicatrices. Así, el Espíritu de Dios está aprisionado dentro del Espíritu del hombre y no puede surgir. Algunas veces nuestro hombre exterior es activo, pero el hombre interior permanece inactivo. El hombre exterior se ha adelantado, mientras que el interior queda rezagado.

Algunos problemas prácticos

Para ilustrar, veamos algunos problemas prácticos. Tomemos la predicación, por ejemplo. ¡Cuán a menudo estamos predicando sinceramente —un mensaje sano, bien preparado— pero interiormente nos sentimos fríos como el hielo! Ansiamos conmover a otros y sin embargo nosotros mismos estamos inmóviles. Hay una falta de armonía entre el hombre exterior y el hombre interior. El hombre exterior se está derritiendo del calor, pero el hombre interior está temblando de frío. Podemos decir a otros cuán grande es el amor del Señor y sin embargo personalmente no somos tocados por él. Podemos contar a otros cuán trágico es el sufrimiento de la cruz, y sin embargo al regresar a nuestro cuarto podemos reír. ¿Qué podemos hacer respecto a ésto? Nuestra mente puede trabajar, nuestras emociones pueden ser vigorizadas y sin embargo todo el tiempo sentimos que el hombre interior está meramente haciendo las veces de espectador. El hombre exterior y el interior no están en armonía.

Considere otra situación. El hombre interior está devorado por celo. El quiere gritar, pero no encuentra expresión. Después de hablar por largo tiempo, aún parece estar dando vueltas. Mientras más está cargado en su interior, más frío se convierte su exterior. Él ansía hablar, pero no puede expresarse. Cuando se encuentra con un pecador, su hombre interior tiene deseos de llorar, pero no puede descargar una sola lágrima. Hay un sentimiento de urgencia dentro de él, sin embargo cuando sube al púlpito y trata de gritar, se encuentra perdido en un laberinto de palabras. Una situación tal es de lo más angustiosa. La causa fundamental es la misma: la cáscara exterior aún se aferra a él. El exterior no obedece los dictados del interior: interiormente estará llorando, pero exteriormente inmóvil; interiormente estará sufriendo pero exteriormente indiferente; pensando con claridad por dentro, pero por fuera, la mente es un aparente vacío. El espíritu aún no ha hallado la forma de romper la cáscara.

De esta manera, el quebrantamiento del hombre exterior es la primera lección para todos los que quieren aprender a servir a Dios. El que es verdaderamente usado por Dios, es uno cuyo pensamiento exterior y emoción exterior no actúan independientemente. Si no hemos aprendido esta lección, hallaremos que nuestra efectividad está grandemente comprometida. Quiera Dios traernos al lugar donde nuestro hombre exterior sea completamente quebrantado.

Cuando prevalece tal condición, se pondrá fin a la actividad exterior con esterilidad interior; se terminará el llanto interior con frialdad exterior; y no habrá más esa abundancia de pensamientos interiores para los cuales no hay expresión. Usted no será pobre en pensamientos. No es necesario que usted use veinte frases para expresar lo que puede decirse en dos. Sus pensamientos ayudarán en vez de impedir a su espíritu.

Del mismo modo, nuestras emociones son también una cáscara muy dura. Muchos que desean ser felices no pueden expresar gozo, y por otra parte hay muchos que desean llorar y sin embargo no pueden. Si el Señor ha herido nuestro hombre exterior, ya sea por medio de la disciplina o de la iluminación del Espíritu Santo, podemos expresar gozo o tristeza como lo dictemos interiormente.

La liberación del espíritu nos permite permanecer en Dios en forma siempre creciente. Llegamos a percibir el espíritu de revelación en la Biblia. Sin esfuerzo podemos usar nuestro espíritu para recibir revelación divina. Cuando estamos testificando o predicando expresamos la palabra de Dios por medio de nuestro espíritu. Además, en la forma más espontánea podemos ponernos en contacto con el espíritu en otros, por medio de nuestro espíritu. Cada vez que uno habla en nuestra presencia, podemos justipreciarlo, valorar qué clase de persona es, qué actitud está tomando, qué clase de creyente es, y cuál es su necesidad. Nuestro espíritu puede tocar su espíritu. Lo que es maravilloso es que también otros se ponen fácilmente en contacto con nuestro espíritu. Con algunos, solamente nos encontramos con sus pensamientos, sus emociones o su voluntad. Después de conversar con ellos por horas, aún no hemos conocido a la persona real, aunque podemos ambos ser creyentes. La cáscara exterior es demasiado gruesa como para que otros lleguen a tocar su hombre interior. Con el quebrantamiento del hombre exterior, el espíritu comienza a fluir y está siempre abierto para los demás.

Saliendo de y regresando a la presencia de Dios

Una vez que el hombre exterior ha sido quebrantado, el espíritu del hombre mora muy naturalmente en la presencia de Dios sin cesar. Dos años después que cierto hermano se entregó al señor, leyó **La práctica de la presencia de Dios** escrito por el Hermano Lawrence. Después de leerlo, se sintió apenado por su fracaso en morar continuamente en la presencia de Dios, como el hermano Lawrence lo hacía. Entonces estableció turnos cada hora para orar con otros hermanos. ¿Por qué? Pues la Biblia dice "Orad sin cesar", y ellos lo cambiaron por "Orad cada hora". Cada vez que oían que el reloj daba la hora, ellos oraban. Hacían un tremendo esfuerzo para refugiarse en Dios porque sentían que no podían mantenerse siempre en la presencia de Dios. Era como si ellos se hubieran alejado mientras trabajaban y necesitaban refugiarse de nuevo en Dios. O como si se habían proyectado hacia afuera mientras estudiaban y debían retroceder velozmente hacia Dios cada hora.

De lo contrario se encontraban alejados todo el día. Ellos oraban a menudo, pasando el día entero en oración los domingos y medio día los sábados. Así continuaron por dos o tres años. No obstante, el problema persistía: al entrar gozaban de la presencia de Dios, pero al salir la perdían. Por supuesto, éste no es el problema de ellos solamente; es la experiencia de muchos creyentes. Indica que estamos tratando de mantener la presencia de Dios por el esfuerzo de la memoria. Cuando lo recordamos, existe la conciencia de su presencia, de otra manera, se pierde. Esto es pura necedad, pues la presencia de Dios está en el espíritu, no en la memoria.

Para resolver este problema, primero debemos solucionar la cuestión del quebrantamiento del hombre exterior. Ya que ni nuestra emoción ni nuestro pensamiento tiene la misma naturaleza que Dios, no pueden estar unidos a Él. El Evangelio de Juan, capítulo cuatro, nos muestra la naturaleza de Dios. Dios es Espíritu. Solamente nuestro espíritu tiene la misma naturaleza que Dios; por lo tanto, puede estar eternamente unido a Él. Si tratamos de conseguir la presencia de Dios dirigiendo nuestro pensamiento, entonces, cuando no nos estamos concentrando, su presencia parece perderse. Si intentamos usar nuestra emoción para hallar la presencia de Dios, entonces, tan pronto como nuestra emoción cesa, su presencia parece haberse ido. Algunas veces nos sentimos felices, y consideramos esto como si fuera tener la presencia de Dios con nosotros. Pero cuando cesa la felicidad, sentimos que la presencia de Dios huye. Podemos pensar que su presencia está con nosotros cuando nos lamentamos y lloramos. ¡Por favor! ¡No podemos verter lágrimas toda nuestra vida! Pronto nuestras lágrimas se secarán, y entonces para nosotros la presencia de Dios desaparecerá. Tanto nuestros pensamientos como nuestras emociones son energías humanas. Toda esa actividad debe cesar. Si tratamos de mantener la presencia de Dios con actividad, entonces, cuando cesa la actividad, su presencia termina. La presencia de Dios requiere igualdad de naturaleza. Solamente el hombre interior es de la misma naturaleza que Dios. A través de él solo puede ser manifestada su presencia. Cuando el hombre exterior vive en actividad, ésta puede estorbar al hombre interior. De este modo el hombre exterior no es un colaborador sino un estorbo. Cuando el hombre exterior está quebrantado, el hombre interior goza de paz ante el Señor.

Nuestro espíritu nos es dado por Dios para capacitarnos para responderle. Pero el hombre exterior está siempre respondiendo a cosas externas, privándonos así de la presencia de Dios. No podemos destruir todas las cosas exteriores, pero sí podemos quebrantar el hombre exterior. Esos millones y billones de cosas en el mundo están totalmente fuera de nuestro control. Cada vez que sucede algo, nuestro hombre exterior responderá, y de esta forma no estaremos capacitados para gozar de la presencia de Dios en paz. Por lo tanto llegamos a la conclusión de que para experimentar la presencia de Dios todo depende del quebrantamiento de nuestro hombre exterior. Si por la misericordia de Dios nuestro hombre exterior ha sido quebrantado, nuestra experiencia podría ser la siguiente: antes estábamos llenos de curiosidad, pero ahora es imposible despertarla. Antes nuestras emociones podían fácilmente ser despertadas, ya sea estimulando nuestro amor y las emociones más delicadas, o provocando nuestro mal genio en la forma más violenta. Pero ahora no importa cuántas cosas se amontonen sobre nosotros, nuestro hombre interior queda inconmovible, la presencia de Dios permanece y nuestra paz interior es imperturbable.

Llega a ser evidente que el quebrantamiento del hombre exterior es la base para gozar de la presencia de Dios. El hermano Lawrence estaba ocupado en el trabajo de la cocina. La gente estaba a los gritos pidiendo las cosas que necesitaban. Aunque reinaba el constante ruido de fuentes y utensilios, su hombre interior no se perturbaba. El podía sentir la presencia de Dios en el apuro y bullicio de una cocina tanto como en una oración tranquila. ¿Por qué? El era impermeable a los ruidos externos. Había aprendido a comunicarse en su espíritu y negar su alma.

Algunos creen que para tener la presencia de Dios, el ambiente debe estar libre de distracciones tales como el ruido de platos, etc. Piensan que mientras más lejos se encuentran del mundo, más podrán sentir la presencia de Dios. ¡Qué error! El problema no se encuentra ni en los platos ni en las otras personas, sino en ellos mismos. Dios no nos quiere librar de los platos; Él nos quiere librar de nuestras reacciones. No importa cuán ruidoso sea el exterior, el interior no reaccionará. Desde que el Señor ha quebrado nuestro hombre exterior, simplemente reaccionamos como si no hubiéramos oído. ¡Alabado sea el Señor que aunque poseamos un oído muy agudo, debido a la obra de gracia en nuestras vidas, no somos influenciados en absoluto por las cosas que presionan nuestro hombre exterior! Podemos estar delante de Dios en tales ocasiones lo mismo que cuando estamos orando solos.

Una vez que el hombre exterior está quebrantado, ya no necesita retirarse hacia Dios, pues está siempre en la presencia de Dios. No es así con uno cuyo hombre exterior está aún intacto. Después de hacer una diligencia necesita regresar, pues supone que se ha alejado de Dios. Aún al hacer la obra del Señor se aparta de Aquel a quien sirve. Así, parece que la mejor cosa para él, es no hacer ningún movimiento. Aquellos que conocen a Dios no necesitan regresar, pues nunca se alejan de Él. Gozan de la plena presencia de Dios cuando se apartan un día para la oración, y gozan de la misma presencia, en un grado muy semejante, cuando están activamente ocupados en las tareas diarias de la vida. Quizás es nuestra experiencia común que al acercarnos a Dios, sentimos su presencia; mientras que si estamos ocupados en alguna actividad, a pesar de nuestra vigilancia, sentimos que de alguna forma, nos hemos deslizado. Supóngase, por ejemplo, que estamos predicando el evangelio o tratando de edificar al pueblo de Dios. Después de un rato tenemos deseos de arrodillarnos y orar. Pero tenemos un sentimiento que debemos primero regresar a Dios. De alguna manera nuestra conversación con la gente nos ha alejado un poco de Dios, así que en oración debemos primero acercarnos más a Él. Hemos perdido la presencia de Dios, así que ahora debemos restaurarla. Puede ser que estemos ocupados con las tareas diarias, como podría ser fregando un piso. Al completar nuestra tarea, decidimos orar. Una vez más sentimos que hemos hecho un largo viaje y debemos retornar. ¿Cuál es la solución? El quebrantamiento del hombre exterior hace que tales regresos sean innecesarios. Percibimos la presencia de Dios en nuestra conversación tanto como al estar arrodillados en oración. Al realizar nuestras tareas domésticas no nos alejamos de Dios, por lo tanto no hay necesidad de que regresemos.

Ahora consideremos un caso extremo para presentar una ilustración. El enojo es el más violento de los sentimientos humanos. Pero la Biblia no nos prohibe estar enojados, pues cierto enojo no está relacionado con el pecado. "Airaos pero no pequéis", dice la Biblia. Sin embargo, el enojo es tan fuerte que se acerca al pecado. No encontramos, "Amad, pero no pequéis", ni "Sed mansos pero no pequéis", en la palabra de Dios, porque el amor y la mansedumbre están muy alejados del pecado. Pero el enojo está cercano al pecado.

Quizás un cierto hermano ha cometido una seria falta. El necesita ser severamente reprendido. Esto no es un asunto fácil. Más bien ejercitaríamos nuestros sentimientos de misericordia antes de poner en juego nuestros sentimientos de enojo, pues esto último puede convertirse en alguna otra cosa al mínimo descuido. Así, no es fácil estar correctamente enojados de acuerdo con la voluntad de Dios. No obstante, uno que conoce el quebrantamiento del hombre exterior puede tratar severamente a otro hermano, sin que su propio espíritu esté turbado o pierda la presencia de Dios. El permanece en Dios tanto cuando trata con otros como cuando está en oración. De esta forma, después que ha reprendido a su hermano, puede orar sin necesidad de esforzarse para volver a Dios. Reconocemos que esto es algo difícil, sin embargo cuando el hombre exterior está quebrantado, tal caso puede muy bien resultar.

La separación del hombre exterior del interior

Cuando el hombre exterior está quebrantado, las cosas exteriores serán mantenidas afuera, y el hombre interior vivirá delante de Dios continuamente. El problema de muchos es que su hombre exterior y su hombre interior están unidos, de modo que lo que influencia lo exterior influencia lo interior. Por medio de la obra misericordiosa de Dios, el hombre exterior y el hombre interior deben estar separados. Entonces, lo que afecta al exterior no podrá alcanzar el interior. Aunque el hombre exterior pueda estar entablando una conversación, sin embargo el hombre interior está en comunión con Dios. El exterior puede estar cargado escuchando el ruido de los platos, mientras que el interior permanece con Dios. Uno puede llevar a cabo actividades, ponerse en contacto con el mundo mediante el hombre exterior; sin embargo el hombre interior permanece inafectado, pues aún vive delante de Dios.

Considere algunos ejemplos. Un cierto hermano está trabajando en la calle. Si su hombre exterior e interior han sido divididos éste último no se perturbará por las cosas de afuera. El puede trabajar en su hombre exterior y al mismo tiempo estar interiormente adorando a Dios. Considere a un padre: su hombre exterior puede estar riendo y jugando con su hijito. Súbitamente una cierta necesidad especial surge. El de inmediato puede hacer frente a la situación con su hombre interior pues nunca ha estado ausente de la presencia de Dios. Así que es importante que nosotros nos demos cuenta que la división del hombre exterior del interior tiene un efecto de lo más decisivo sobre la obra y vida de cada uno. Solamente así se puede obrar sin distracción.

Podemos describir a los creyentes como personas "individuales" o "duales". En algunos su hombre interior y el exterior son uno; en otros los dos han sido separados. Mientras uno sea una persona 'individual' debe poner en juego su ser total para su obra o su oración. Al trabajar deja a Dios de lado. Al orar más tarde, debe alejarse de su trabajo. Dado que su hombre exterior no ha sido quebrantado se ve obligado a "salir" y a "regresar". La persona "dual", por el contrario, puede trabajar con su hombre exterior mientras que su hombre interior permanece constantemente ante Dios. Cada vez que surge la necesidad, su hombre interior puede abrirse paso y manifestarse ante otros. El goza de la presencia de Dios sin interrupción. Hagámonos esta pregunta: ¿Soy yo una persona "individual" o "dual"? Toda la diferencia radica en si el hombre exterior está o no dividido del hombre interior.

Si por la misericordia de Dios usted ha experimentado esta división, entonces, mientras usted está trabajando, o activo exteriormente, sabe que hay un hombre dentro suyo quien permanece en calma. Aunque el hombre exterior está ocupado en cosas externas, éstas no penetrarán en el hombre interior.

¡Aquí está el secreto maravilloso! Conocer la presencia de Dios viene por medio de esta división. El hermano Lawrence parecía estar activamente ocupado en el trabajo de la cocina y sin embargo dentro de él había otro hombre de pie ante Dios y gozando de una comunión imperturbable con Él. Tal división interna mantendrá nuestras reacciones libres de la contaminación de carne y sangre.

En conclusión, recordemos que la habilidad de usar nuestro espíritu depende de la obra de Dios en dos fases: el quebrantamiento del hombre exterior y la división del espíritu y el alma, es decir, la separación de nuestro hombre interior del exterior. Solamente después que Dios ha llevado a cabo ambos procesos en nuestras vidas, estamos capacitados para ejercitar nuestro espíritu. EL HOMBRE EXTERIOR ES QUEBRANTADO POR MEDIO DE LA DISCIPLINA DEL ESPIRITU SANTO; ES DIVIDIDO DEL HOMBRE INTERIOR POR LA REVELACION DEL ESPIRITU SANTO (ver Hebreos 4:12).

Capítulo 3

Reconociendo el impedimento

PERMITAME primeramente explicar nuestro tema a tratar. Supongamos que un padre le pide a su hijo que haga cierta cosa. El hijo responde: "Justamente ahora estoy ocupado; tan pronto como termine haré lo que tú me ordenas". "La ocupación" es lo que el hijo está haciendo con prioridad a la orden de su padre. Inmediatamente reconocemos que tenemos tantas "cosas en nuestras manos" las cuales son un impedimento en nuestro andar con Dios. Podría ser cualquier cosa, buena, importante o aparentemente necesaria; sin embargo, preocupa y distrae nuestra atención. Mientras el hombre exterior no sea quebrantado, lo más probable es que encontremos nuestras manos llenas de ocupaciones. Nuestro hombre exterior tiene sus propios intereses religiosos, apetitos, preocupaciones y tareas. Cuando el Espíritu de Dios se mueve en nuestro espíritu, nuestro hombre exterior no puede responder al llamado de Dios. Es así que viene a ser "la ocupación", o el impedimento que cierra el camino a la utilidad espiritual.

La fuerza limitada del hombre exterior

Nuestra fuerza humana es limitada. Si un hermano puede solamente acarrear cincuenta kilos, y usted quiere que lleve unos diez más, simplemente él no podría hacerlo. Es una persona limitada, incapaz de hacer trabajo ilimitado. Los cincuenta kilos que está llevando vienen a ser el impedimento porque le impiden de llevar más carga. Así como la fuerza física de nuestro hombre de más afuera es limitada, lo mismo sucede con la fuerza de nuestro hombre exterior (alma).

Muchos, al no darse cuenta de este principio, descuidadamente gastan la fuerza de su hombre exterior. Si, por ejemplo, uno prodiga todo su amor a sus padres, no le quedará fuerza para amar a sus hermanos, sin mencionar a otros. Así al agotar sus fuerzas (del alma), no le queda nada para los demás.

Lo mismo pasa con nuestra fuerza mental. Si la atención de uno está dirigida a un cierto asunto, y agota todo su tiempo pensando en él, no tendrá fuerza para pensar en otros asuntos. En su Palabra, Dios ha explicado nuestro problema: "La ley del Espíritu de vida en Cristo Jesús me ha librado de la ley del pecado y de la muerte" (Romanos 8:2).

Pero ¿por qué es esta ley del Espíritu de vida ineficaz en ciertas personas? Nuevamente leemos: "...para que la justicia de la ley se cumpliese en nosotros que ... andamos conforme al Espíritu" (Romanos 8:4). En otras palabras, la ley del Espíritu de vida obra con poder solamente para aquellos que son espirituales, es decir, en aquellos que obedecen las cosas del Espíritu. ¿Quiénes son éstos? Son aquellos que no se ocupan de las cosas de la carne. "Ocuparse" (Rom. 8:5, 6) puede ser traducido "estar dedicado a", "estar atento a". Por ejemplo, una madre va a salir y pide a una amiga que se ocupe de su bebé.

Ocuparse del bebé significa estar atento a él. Cuando a usted se le confía el cuidado de un bebé, no se atreve a distraerse con otras cosas. De la misma manera, solamente aquellos que no están dedicados a las cosas carnales, pueden estar atentos a las cosas espirituales. Aquellos que están dedicados a las cosas espirituales llegan a estar bajo la fuerza de la ley del Espíritu Santo. Nuestra fuerza mental es limitada. Si la agotamos en las cosas de la carne, nos encontraremos mentalmente incapacitados para las cosas del Espíritu.

Nos damos cuenta, entonces, que del mismo modo que nuestra fuerza física es limitada, así es con la fuerza del alma de nuestro hombre exterior. Mientras tengamos el "impedimento", no podemos hacer la obra de Dios. De acuerdo al número de ocupaciones que tengamos, la fuerza para servir al Señor disminuye o aumenta. Así, la ocupación llega a ser un impedimento.

Uno puede tener emocionalmente muchas cosas que le ocupan: por ejemplo gustos diversos y antagónicos, disposiciones favorables o no, etc. Todo esto representa una distracción. Tiene tantas cosas en mano que cuando Dios pide su afecto, no puede responder, pues ha gastado ya toda su fuerza emocional. Si alguien ha agotado una medida de recursos emocionales para dos días, demorará ese tiempo antes que pueda volver a sentir y hablar adecuadamente. Así, cuando la emoción es derrochada en cosas menores, no puede ser usada sin restricción para Dios.

Puede haber alguien que manifiesta una voluntad férrea, una personalidad fuerte, con poderes de voluntad que parecen ilimitados. No obstante, en las cosas de Dios parece incapaz de decidirse; cuán a menudo la voluntad más fuerte vacila en sus decisiones delante de Dios. ¿Por qué es esto? Antes de contestar consideremos a otro que está lleno de ideas. Aunque nunca parece estar desorientado al crear nuevos planes, cuando llega al caso de discernir la voluntad de Dios en las cosas espirituales, está completamente desprovisto de luz. ¿Por qué?

Mientras que el hombre exterior está presionado con sus propias ocupaciones y está tan extenuado, queda poca fuerza para cualquier ejercicio espiritual. Es necesario entonces, ver la fuerza limitada del hombre exterior. Aunque esté quebrantado debe haber sabiduría al usar esta fuerza. ¡Cuán necesario, entonces, es tener nuestras fuerzas a la disposición de Dios!

Cómo el Espíritu usa a un hombre quebrantado

En su trato con el hombre, el Espíritu de Dios nunca pasa por alto el espíritu del hombre. Ni puede nuestro espíritu pasar por alto al hombre exterior. Es éste un principio fundamental. Así como el Espíritu Santo no pasa por alto al espíritu humano en su obra en el hombre, tampoco nuestro espíritu ignora al hombre exterior para funcionar directamente. A fin de tocar otras vidas, nuestro espíritu debe pasar a través del hombre exterior. De aquí que, cuando la fuerza de este último está consumida por las muchas cosas en mano, Dios no puede hacer su obra por medio nuestro. No hay salida ni para el espíritu humano ni para el Espíritu Santo. El hombre interior no puede hallar paso porque es resistido y bloqueado por el hombre exterior. Es por eso que hemos sugerido repetidamente que este hombre exterior debe ser quebrantado.

El impedimento —lo que nos ocupa y demanda nuestra atención— está allí antes que Dios comience a obrar. No pertenece a Dios, ni necesita orden, poder o decisión de Dios para realizarse. No es algo que está bajo la mano de Dios sino más bien es algo independiente.

Antes que su hombre exterior esté quebrantado, usted está ocupado con sus propias cosas, anda en su propio camino, ama a su propia gente. Si Dios desea usar su amor para amar a los hermanos, Él debe primero quebrar su hombre exterior para que así, el amor suyo se vea aumentado. El hombre interior debe amar, pero él tiene que amar a través del hombre exterior. Si el hombre exterior está ocupado con otro objeto, el hombre interior está privado de usar su propio canal para amar.

Cuando el hombre interior necesita usar su voluntad, encuentra que está actuando independientemente, ocupado ya con asuntos propios. Para quebrar nuestra voluntad Dios debe asestarnos un pesado golpe hasta que nos postremos en el polvo y digamos: "Señor, no me atrevo a pensar, no me atrevo a pedir, no me atrevo a decidir por mi cuenta. En cada cosa y en todo te necesito". Al ser heridos, debemos aprender que nuestra voluntad no debe actuar independientemente. Solamente entonces nuestra voluntad está lista para ser usada por el hombre interior.

Sin la cooperación del hombre exterior, el hombre interior está totalmente impedido. Supongamos que un hermano va a predicar la Palabra. El tiene una carga en su espíritu. Sin embargo, si fracasa en hallar los pensamientos apropiados, no puede soltar su carga y pronto ésta se desvanecerá. Aunque la carga pueda penetrar en la totalidad de su espíritu, todo resultará en vano si su mente se siente incapacitada de comunicarlo.

No podemos salvar almas meramente con la carga en nuestro espíritu; ésta debe ser expresada por medio de nuestra mente. La carga de adentro debe estar coordinada con la expresión vocal. Sin expresión es imposible hacer conocer a otros la Palabra de Dios. Las palabras del hombre no son la Palabra de Dios, pero esta última debe ser comunicada por medio de las primeras. Cuando el hombre tiene las palabras de Dios, Dios puede hablar; cuando no las tiene, Dios no puede hablar. El problema hoy día es que nuestro hombre interior está disponible para Dios, capaz de recibir la carga de Dios, pero nuestro hombre exterior está guiado por pensamientos tan numerosos y confusos desde la mañana hasta la noche que nuestro espíritu no puede hallar un paso de salida.

Así es que Dios debe deshacer nuestro hombre exterior. El rompe nuestra voluntad quitando las cosas en que ella está ocupada, para que no actúe independientemente. No es que no tengamos mente, sino que no pensamos según la carne, de acuerdo con nuestra imaginación errante. No que estemos desprovistos de emoción, sino que todas nuestras emociones están bajo el control y restricción del hombre interior. Esto da al hombre interior una voluntad, una mente y emociones que puede usar. Dios quiere que nuestro espíritu use nuestro hombre exterior al amar, al pensar y al decidir. Mientras que no es su voluntad aniquilar nuestro hombre exterior, nosotros debemos recibir este tratamiento básico de ser quebrantado si aspiramos a servir a Dios efectivamente.

Hasta que esto suceda, el hombre interior y el exterior están enemistados, actuando independientemente el uno del otro. Cuando estamos quebrantados, el hombre exterior es traído bajo el control del interior, así unificando nuestra personalidad para que el hombre exterior quebrantado pueda ser un canal para el hombre interior.

Ahora debe reconocerse que una personalidad unificada a menudo caracteriza a una persona inconversa, pero en este caso el hombre interior está bajo el control del hombre exterior. Aunque el espíritu humano existe, está tan castigado por el hombre exterior que lo máximo que puede hacer es elevar algunas protestas de conciencia. El hombre interior está totalmente dominado por el hombre exterior.

Sin embargo, después que uno es salvo, es la intención de Dios que se experimente un cambio de este orden. En la misma medida que su hombre exterior controlaba al interior antes de ser salvo, así ahora su hombre interior debería tener absoluta autoridad sobre su hombre exterior.

Podemos usar el ciclismo como ilustración. En terreno llano pedaleamos la bicicleta y las ruedas van a lo largo del camino. Pero en un descenso, sin pedalear, las ruedas giran y el camino parece alentarnos a seguir. Similarmente cuando nuestro hombre interior es fuerte y el exterior está quebrantado, nosotros "pedaleamos" y las "ruedas" van a lo largo del camino. Podemos decidir si queremos continuar o parar, y cuán ligero andar. No obstante, si nuestro hombre exterior es duro y no quebrantado, será como deslizarse por una pendiente sin control. Quiera el Señor mostrarnos su gracia y nivelar la pendiente quebrando el hombre exterior, para que ya no pueda dar consejos y hacer decisiones independientes, y estaremos capacitados para usar nuestro espíritu correctamente.

La persona quebrantada, no simplemente enseñada

Nadie está equipado para trabajar porque haya aprendido algunas enseñanzas. La cuestión básica sigue siendo: ¿Qué clase de hombre es? ¿Puede uno cuyo funcionamiento interno anda mal, pero cuya enseñanza es correcta, suplir la necesidad de la Iglesia? La lección básica que debemos aprender es el ser transformados en vasos aptos para el uso del Maestro. Esto sólo puede hacerse por medio del quebrantamiento del hombre exterior.

Dios está obrando en nuestras vidas incesantemente. Muchos años de sufrimientos, pruebas, impedimentos: ésta es la mano de Dios, diariamente buscando llevar adelante su obra de quebrantamiento. ¿No ve usted lo que Dios está haciendo en esta ronda de dificultades sin fin? Si no, debería pedirle: "Oh, Dios, abre mis ojos para que pueda ver tu mano." ¡Cuán a menudo los ojos de un asno son más penetrantes que aquellos de un supuesto profeta!

El asna vio con más facilidad al Angel del Señor que su propio amo. El asna reconoció la mano prohibitiva de Dios, pero el supuesto profeta no la vio. Deberíamos estar conscientes que el quebrantamiento es el camino de Dios en nuestras vidas. ¡Qué triste es que algunos aún imaginan que si ellos solamente pudieran absorber más enseñanzas, acumular más material de predicación y asimilar más exposición de la Biblia, serían útiles para Dios! Esto es completamente erróneo. La mano de Dios está sobre ti para quebrantarte, no de acuerdo a tu voluntad, sino a la suya; no de acuerdo con tus pensamientos sino con los suyos; no de acuerdo con tu decisión, sino con la suya. Nuestra dificultad es que cuando Dios nos disciplina, culpamos a otros. Reaccionamos como aquel profeta quien, no viendo la mano de Dios culpó al asna por rehusar moverse.

Todo lo que llega a nosotros está ordenado por Dios. Para un creyente, nada es accidental. Deberíamos pedir a Dios que abra nuestros ojos para que podamos ver que él nos está tocando en todas las cosas y en todos los aspectos de nuestra vida. Un día, cuando por la gracia de Dios podamos aceptar sus órdenes en nuestro andar, será librado nuestro espíritu y se hallará apto para funcionar.

Una ley que no es afectada por la oración

Hay una ley inmutable de la obra de Dios en nosotros: su propósito específico es quebrantarnos y librar nuestro espíritu para su libre ejercicio. Debemos entender que nada de nuestra oración, ruego o promesa afectará o cambiará este propósito. El está obrando para lograr un quebrantamiento y liberación en nosotros; toda nuestra oración no alterará esta ley. Si usted deliberadamente mete su mano en el fuego, ¿la oración lo librará del dolor? Si usted no quiere ser quemado, no ponga su mano en el fuego pensando que una oración lo salvará. El trato de Dios con nosotros es de acuerdo con su ley. A fin de hallar salida, el hombre interior debe pasar a través del hombre exterior. Hasta que nuestro hombre exterior esté destrozado, nuestro hombre interior simplemente no puede salir a la luz. No tenga en poco esta ley, orando continuamente por bendiciones. Tales oraciones son en vano. Orar nunca puede cambiar la ley de Dios.

Debemos convencernos de esto de una vez por todas. El camino de la obra espiritual reside en la salida de Dios a través de nosotros. Esta es la única manera que Dios ha ordenado. Para uno que no esté quebrantado, el evangelio está bloqueado y no puede fluir a través de su vida. Inclinémonos profundamente ante Dios. Obedecer la ley de Dios es mucho mejor que decir muchas oraciones. Es mejor dejar de orar y confesar: "Dios, me postro ante ti". Cuán a menudo nuestra oración pidiendo bendiciones está en realidad levantando barreras. Si solamente buscáramos iluminación, aprenderíamos a someternos a su mano, y al obedecer su ley, encontraríamos que el resultado es esa misma bendición que tanto ansiamos.

Capítulo 4

Cómo conocer al hombre

CONOCER al hombre es vital para un obrero cristiano. Cuando alguien viene a nosotros, debemos discernir su condición espiritual, su naturaleza, y la medida de su progreso espiritual. Debemos determinar si ha dicho lo que realmente está en su corazón y cuánto ha dejado de decir. Aún más, debiéramos percibir sus características: si es duro o humilde, si su humildad es verdadera o falsa. Nuestra efectividad en el servicio está íntimamente relacionada con nuestro discernimiento de la condición espiritual del hombre. Si el Espíritu de Dios nos capacita a través de nuestro espíritu para conocer la condición de la persona frente a nosotros, entonces podemos impartir la palabra apropiada.

En los Evangelios encontramos que cada vez que los hombres venían a nuestro Señor, El tenía la palabra

adecuada. Esto es algo maravilloso. El Señor no habló a
la mujer samaritana acerca del nuevo nacimiento, ni le
contó a Nicodemo del agua viva. La verdad del nuevo nacimiento fue para Nicodemo, mientras que la verdad del
agua viva fue para la mujer samaritana. ¡Cuán apropiadas
eran! Aquellos que no lo habían seguido eran invitados a
venir; pero aquellos que deseaban seguirlo eran invitados
a llevar la cruz. A uno que se presentó como voluntario, le
habló de hacer cuentas del costo; mientras al que vacilaba,
le dijo: "Deja que los muertos entierren a sus muertos".
Las palabras de nuestro Señor eran de lo más apropiadas,
PUES ÉL CONOCIA A TODOS LOS HOMBRES. Nuestro
Señor sabía si ellos venían como buscadores sinceros o
meramente como espías; y lo que Él les decía era siempre acertado. Dios tenga misericordia de nosotros
para que podamos aprender de Él a conocer al hombre y
para que seamos efectivos al tratar con las personas.

Sin tal conocimiento un hermano solamente puede
tratar con las almas según su propio entendimiento. Si él
tiene un sentimiento especial un cierto día, hablará a todo
el mundo de acuerdo con ese sentimiento, sin tener en
cuenta con quién esté tratando. Si tiene un tema favorito,
con todos lo desea compartir. ¿Cómo puede tal trabajo ser
efectivo? Ningún médico puede usar la misma receta para
todos sus pacientes. Sin embargo algunos que sirven a
Dios tienen solamente una receta. Aunque no están
en condiciones de diagnosticar las enfermedades de las
personas, están tratando de curarlas. A pesar de su igno-
rancia de las complejidades del hombre y de su falta de
penetración espiritual, sin embargo parecen estar muy
dispuestos a tratar cualquier dolencia. ¡Cuán necio tener
una sola receta espiritual, y sin embargo tratar de curar
toda clase de enfermedades espirituales!

Quizás usted piensa que son los de poca inteligencia
los que no pueden discernir, y que sólo los inteligentes tienen esta facultad. Sin embargo en esta obra los inteligentes
y los de pocas luces están igualmente excluidos. Usted no
puede usar su mente (independientemente) o sentimiento
para discernir la condición de las personas. No importa

cuán aguda sea su mente, usted no podrá con ella sola penetrar la profundidad del hombre y revelar su condición.

Al encontrarse con un alma cualquier obrero debe primero discernir cuál es la verdadera necesidad de ese individuo ante Dios. A menudo usted no podrá depender de lo que él dice. Aunque él insista correctamente que tiene "dolor de cabeza", éste puede ser sólo un síntoma de una condición más profunda cuyas raíces han de hallarse en otra parte. Sólo porque se siente acalorado, no significa necesariamente que tenga "mucha fiebre". Es probable que él le diga muchas cosas que no vengan al caso. Una persona enferma raramente entiende su verdadero problema; necesita que usted diagnostique por él y le ofrezca los medios de curación. Puede que usted quiera que él le cuente su necesidad pero es probable que él no pueda hacerlo correctamente. Solamente un patólogo capacitado que tiene habilidad en reconocer dolencias espirituales, puede discernir la verdadera necesidad del "paciente". En todo diagnóstico usted debe estar seguro. Un obrero que es meramente subjetivo seguramente ha de afligir a las personas con enfermedades imaginarias, insistiendo empecinadamente que están padeciendo de ésto o aquéllo.

Algunas veces podemos descubrir que el problema en cuestión se halla fuera de la posibilidad de nuestra ayuda. No sea tan necio de suponer que usted puede dominar cualquier situación y ayudar a todos. A aquéllos a quienes usted puede ayudar, deberá dedicar tiempo y esfuerzo. Cuando no puede ser de ayuda, debería decirle al Señor: "Esto está fuera de mi habilidad; no puedo discernir esta enfermedad. Aún no he aprendido esto. Oh, Señor, ten misericordia". Nunca debiéramos pensar que podemos manejar toda la obra espiritual ni tratar de monopolizarla. Aquí está nuestra oportunidad de ver la capacidad de los diferentes miembros del Cuerpo. Si usted siente que cierto hermano o hermana puede atender mejor el problema, búsquelo y dígale: "Esto va más allá de mi capacidad; posiblemente usted esté en condiciones de atenderlo mejor". Esta es una forma de obrar juntos en el Cuerpo, mediante la cual aprendemos a actuar corporativamente, no independientemente.

Debemos enfatizarlo nuevamente: todo obrero debe aprender delante del Señor a CONOCER al hombre. ¡Cuántas vidas son arruinadas después de pasar por las manos de hermanos precipitados quienes no han aprendido, pero que vanamente usan puntos de vista subjetivos para afrontar necesidades objetivas! ¡Las personas no deberían estar afectadas con dolencias imaginadas por nosotros! Nuestra responsabilidad es discernir su verdadera condición espiritual. Si no hemos participado primero nosotros de entendimiento espiritual, ¿cómo podemos ser de ayuda al resto de los hijos de Dios?

Nosotros somos instrumentos en la mano de Dios

Al diagnosticar un caso, un doctor en medicina tiene que recurrir a muchos instrumentos de medicina. No ocurre así con nosotros. No tenemos termómetros ni rayos X, ni ningún otro artefacto que nos ayude a discernir la condición espiritual del hombre. ¿Cómo, entonces, discernir si un hermano está espiritualmente enfermo, y cómo determinar la naturaleza de su problema? Es maravilloso ver que Dios nos ha creado para que seamos como "termómetros" para medir. Por su obra en nuestras vidas, él desea equiparnos para discernir lo que "aqueja" a una persona. Como "doctores" espirituales del Señor, debemos tener una consciente preparación interior. Debemos estar profundamente conscientes del peso de nuestra responsabilidad.

Suponga que el termómetro nunca hubiera sido inventado. El doctor tendría que determinar si su paciente tiene fiebre por el mero toque de su mano. Su mano serviría de termómetro. ¡Cuán sensible y exacta necesitaría ser su mano! En el trabajo espiritual, éste es exactamente el caso.

Nosotros somos los termómetros, o los instrumentos. Debemos pasar por un entrenamiento y estricta disciplina, pues cualquier cosa que quede sin tocar en nosotros quedará sin ser tocada en otros. Además, no podemos ayudar a otros a aprender lecciones las cuales nosotros no hemos aprendido delante de Dios. Mientras más completa sea nuestra preparación, mayor será nuestra utilidad en la obra de Dios. Por el contrario, cuanto más nos escatimemos —por nuestro orgullo, nuestra estrechez, nuestra felicidad —tanto menor será nuestra utilidad. Si hemos encubierto estas cosas en nosotros no podremos sacarlas a la luz en otros. Una persona orgullosa no puede tratar a otra que es orgullosa, ni puede una que es mezquina ayudar a otra de la misma condición; un hipócrita no puede tocar la hipocresía en los demás, ni puede uno que es disoluto en su vida dar ayuda a uno que sufre de la misma dificultad. Como bien sabemos, si un pecado está aún en nuestra naturaleza, no lo condenamos —aún más, apenas podemos reconocerlo— en otros. Un doctor puede curar a otros sin curarse a sí mismo, pero esto difícilmente puede ocurrir en el reino espiritual. El obrero es él mismo primeramente un paciente; él debe ser sanado antes que pueda sanar a otros. Lo que él no ha visto, no puede mostrarlo a los demás. Donde no ha pisado, no puede conducir a otros. No puede pretender enseñar a otros lo que él mismo no ha aprendido aún.

Debemos reconocer que somos el instrumento preparado por Dios para conocer al hombre. Por lo tanto es necesario ser responsables y capacitados para dar un diagnóstico preciso. Para que mis sentimientos puedan ser dignos de confianza, necesito orar: "Oh, Señor, no me dejes ir sin ser tocado, sin ser quebrantado y sin preparación". Debo permitir a Dios que obre en mí lo que nunca he soñado, para que pueda llegar a ser un vaso preparado a quien Él pueda utilizar. Un doctor no usaría un termómetro defectuoso. Cuánto más serio es para nosotros tocar condiciones espirituales que tocar enfermedades físicas, mientras tenemos nuestros propios pensamientos, nuestras propias emociones y opiniones, nuestros propios caminos. Si en un momento queremos hacer ésto, y luego súbitamente aquello, significa que aún somos inestables. ¿Cómo vamos a ser usados cuando somos tan inseguros? Debemos someternos al trato de Dios o nuestros esfuerzos serán en vano. Luego podremos nuevamente hacer frente a este asunto.

¿Somos realmente conscientes de lo grande de nuestra responsabilidad? El Espíritu de Dios no obra directamente en la gente; El hace su obra a través del hombre. Las necesidades de las personas son solucionadas por una parte por la disciplina del Espíritu Santo al ordenar sus circunstancias, y por la otra por el ministerio de la Palabra. Sin la provisión del ministerio de la Palabra, el problema espiritual de los santos no puede ser resuelto. ¡Qué responsabilidad ha recaído sobre sus obreros! Es en extremo delicada. Si uno es útil o no, determina si habrá provisión para la Iglesia.

Suponga que es típico de una cierta enfermedad el llegar a una temperatura de 39 grados. Pero a menos que usted conozca la temperatura exacta, su diagnóstico no podrá ser acertado. Usted no podrá determinar tocando al paciente con su mano que él tiene una fiebre de alrededor de 39 grados. Así en lo espiritual, sería demasiado arriesgado que tratáramos de ayudar a otros mientras nuestros sentimientos y opiniones están todos equivocados y nuestro entendimiento espiritual es superficial. Solamente si somos precisos y responsables, el Espíritu de Dios puede ser liberado a través nuestro.

El punto de partida de una obra espiritual está señalado por una serie de reajustes hechos delante de Dios. Un termómetro se fabrica de acuerdo a normas definidas y es cuidadosamente examinado para satisfacer rígidas especificaciones. Si nosotros somos el termómetro ¡cuán estricta debe ser la disciplina que nos ajuste a la norma de exactitud empleada por Dios! En la obra de Dios somos 'doctores' a la vez que 'instrumentos de medicina'... ¡Cuán importante es que aprobemos su examen!

La clave para percibir el espíritu del paciente

Para conocer la condición de un paciente, deberíamos considerar tanto la posición suya como la nuestra. Si quiere saber lo que aqueja a una persona, usted primeramente necesita reconocer su característica más prominente. Esta resaltará tan visiblemente que, aunque él trate de ocultarla no podrá hacerlo. Una persona orgullosa revelará orgullo. Con una persona triste, una nota de tristeza se trasluce aún en su risa. Invariablemente, la naturaleza de una persona causará una cierta impresión definida que se puede palpar.

Hay muchas referencias en la Biblia a diferentes tipos de espíritu. Algunas personas son apresuradas en espíritu, otras son endurecidas, aún otras tienen un espíritu de pesar. Podemos decir que uno tiene un espíritu altivo, otro un espíritu deprimido, y así sucesivamente. ¿De dónde vienen estas diferentes condiciones del espíritu? Por ejemplo, en un espíritu duro, ¿de dónde proviene la dureza? En un espíritu orgulloso, ¿cuál es la fuente del orgullo? En un espíritu altivo, ¿de dónde viene la altivez? De seguro que nuestro espíritu humano en su estado normal no está tiznado con mancha alguna. Está creado sólo para manifestar el Espíritu de Dios. ¿Cómo puede ser, entonces, que se hable del espíritu como duro u orgulloso, o altivo, o no perdonador, o celoso? La respuesta es ésta: el hombre exterior y el interior no están divididos, y de esta manera la condición del hombre exterior llega a dominar la del interior. El espíritu es duro porque está revestido de la dureza del hombre exterior; u orgulloso, porque está revestido del orgullo del hombre exterior; o celoso a causa de los celos del hombre exterior. En un principio el espíritu es transparente, pero puede ser teñido por el hombre exterior si este último no ha sido quebrantado.

Nuestro espíritu emana de Dios. Así, originalmente es puro, antes de ser afectado por el estado impuro del hombre exterior. Pero se vuelve orgulloso o duro a causa de la falta de quebrantamiento del hombre exterior. ¡Con cuánta facilidad la condición del hombre exterior mancha al espíritu con el cual se identifica! Así, para purificar el espíritu uno no debe tratar con el espíritu sino con el hombre exterior. Debemos darnos cuenta que el problema reside, no en el espíritu sino en el hombre exterior. Por el "color" del espíritu que fluye de un hombre podemos detectar inmediatamente cuando un hombre no ha sido quebrantado. La condición particular del hombre exterior se halla revelada en el tipo de espíritu que pone de manifiesto.

Una vez que hemos aprendido a tocar el espíritu del hombre, conocemos exactamente su necesidad. El secreto de conocer al hombre es tocar su espíritu, sentir de qué está revestido. Repitamos enfáticamente que éste es el principio básico para conocer a los hombres, palpando, gustando o bebiendo de su espíritu. Cuando el espíritu fluye hacia afuera, revela la naturaleza del hombre exterior, pues nuestro espíritu toma su color del hombre exterior al tiempo que fluye hacia afuera.

Cuando una persona sobresale en un punto particular, éste es como algo que resalta delante suyo. Con sólo extender su mano, usted lo toca. Si lo palpa, sabrá lo que es. Usted se dará cuenta que ese "algo" es su hombre exterior que no está quebrantado. Si usted así puede percibir su espíritu, conocerá su condición. Conocerá lo que es revelado por él o lo que está tratando de ocultar. Así que volvemos a repetir, si quiere conocer al hombre, debe conocerlo según su espíritu.

Nuestra propia preparación para conocer al hombre

Ahora consideremos nuestra parte en conocer al hombre. Las medidas disciplinarias que el Espíritu Santo toma con nosotros, son lecciones divinas por medio de las cuales sucesivamente somos quebrantados. Es menester que seamos quebrantados en muchas áreas de nuestras vidas para alcanzar un grado de utilidad. Cuando decimos que podemos tocar a otros a través del espíritu, no significa que podamos similarmente tocar a todos los individuos ni que podamos discernir la condición espiritual de otro en su totalidad. Es simplemente que allí donde hemos sido disciplinados por el Espíritu Santo y quebrantados por el Señor, allí mismo podemos tocar a otro. Si en una cosa particular no hemos sido quebrantados por el Señor, no podemos en forma alguna suplir esa necesidad en nuestro hermano. En ese punto particular nuestro espíritu está insensible e impotente.

¡Este es un hecho espiritual ineludible! Nuestro espíritu es liberado de acuerdo con el grado de nuestro quebrantamiento. El que ha aceptado más disciplina, es el que mejor puede servir. Mientras más quebrantado esté, más sensible es. Más pérdidas uno ha sufrido, más tiene para dar. Dondequiera que deseemos reservarnos, allí mismo nos volvemos espiritualmente inútiles. Dondequiera que nos conservemos y excusemos, en ese punto estaremos privados de sensibilidad y capacidad. Que nadie imagine que puede menospreciar este principio básico y al mismo tiempo ser efectivo.

Sólo aquellos que han aprendido pueden servir. Usted puede aprender las lecciones de diez años en uno o demorar veinte o treinta años para aprender la lección de un año. Cualquier demora en el aprendizaje significa una demora en el servicio. Si Dios ha puesto en su corazón un deseo de servirle, usted debería entender lo que está involucrado. El camino del servicio yace en el quebrantamiento, en aceptar la disciplina del Espíritu Santo. La medida de su servicio es determinada por el grado de disciplina y quebrantamiento a que se someta. Tenga por seguro que ni la emoción humana ni la inteligencia son de ayuda. Lo que usted realmente posee, está basado sobre cuánto Dios ha obrado en su vida; por lo tanto, mientras más haya tratado Dios con usted, más aguda será su percepción del hombre. Cuanto más ha sido usted disciplinado por el Espíritu Santo, más prontamente su espíritu está capacitado para tocar a otro.

Es muy importante recordar que mientras el Espíritu de Dios es dado al creyente una vez y para siempre, nuestro espíritu debe continuar aprendiendo durante toda la vida. De esta manera, cuanto más aprendemos, más podemos discernir. Es un motivo de tristeza para nosotros que tantos hermanos y hermanas en el Señor no sepan ejercer discernimiento espiritual. Demasiados fallan en diferenciar entre lo que es del Señor y lo que es de la naturaleza humana. Solamente cuando hemos experimentado el tratamiento estricto del Señor en un cierto asunto, podemos rápidamente detectar aún el brote inicial en otros. No necesitamos esperar su fruto. Podemos discernir mucho tiempo antes de la cosecha. Así que nuestra sensibilidad espiritual gradualmente es adquirida al experimentar la mano de Dios sobre nosotros. Por ejemplo, alguien puede que condene el orgullo mentalmente, y que aún predique contra él, pero sin embargo no percibe lo pecaminoso del orgullo en su propio espíritu. Así, cuando el orgullo aparece en su hermano, su espíritu no se angustia, por el contrario puede que aún simpatice. Luego el día llega cuando el Espíritu de Dios obra de tal modo en su vida que él realmente ve lo que es el orgullo. El es tratado por Dios y su orgullo es consumido. Aunque su predicación contra el orgullo pueda sonar lo mismo que antes, sin embargo ahora cada vez que un espíritu de orgullo aparece en su hermano, percibe su fealdad y se angustia. Lo que ha aprendido y visto de Dios lo capacita para percibir y angustiarse ("angustia" muy adecuadamente describe tal sensibilidad interior). Ahora que reconoce este mal, puede servir a su hermano. Una vez él fue atacado por la misma enfermedad; ahora está curado. (Esto no implica que debería pretender completa liberación: simplemente que conoce alguna medida de curación.) Así es como llegamos al conocimiento espiritual.

La sensibilidad espiritual se produce solamente a lo largo de mucho tratamiento. ¿Somos realmente beneficiados si nos conservamos a nosotros mismos? "Todo el que quiera salvar su vida la perderá". Debemos pedir al Señor que no retire su mano de nosotros. Qué trágico sería no reconocer lo que el Señor está haciendo. Aún es posible que estemos resistiendo su mano, inconscientemente. La ausencia de comprensión espiritual es debida a la falta de aprendizaje espiritual. Por lo tanto, entendamos que, cuanto más somos tratados, tanto más conoceremos a los hombres y a las cosas, y tanto mejor podremos suplir las necesidades de otros. La manera de ampliar la esfera del servicio es permitir ensanchar la esfera del tratamiento divino en nosotros.

Aprendiendo a ponerlo en práctica

Una vez aprendidas estas lecciones básicas, encontramos que nuestro espíritu está liberado y capacitado para señalar con toda precisión la verdadera condición de otros. ¿Cómo podemos poner esto en práctica?

Para tocar el espíritu del hombre, debemos esperar hasta que abra su boca y hable. Pocos son los que alguna vez llegan al lugar donde puedan tocar el espíritu del hombre sin oír primeramente lo que tenga que decir. La Palabra de Dios dice: "De la abundancia del corazón habla la boca" (Mateo 12:34). Cualquiera que pueda ser su intención verdadera, su espíritu es revelado por lo que habla su boca. Si es altivo, se manifestará un espíritu altivo; si hipócrita, estará en evidencia un espíritu hipócrita; o si envidioso, un espíritu celoso. Al tiempo que usted lo escucha hablar, puede tocar su espíritu. No preste atención meramente a lo que dice, sino especialmente note la condición de su espíritu. Realmente conocemos al hombre, no por sus palabras solas, sino por su espíritu.

En una ocasión, cuando el Señor Jesús estaba viajando hacia Jerusalén, dos de los discípulos vieron que los samaritanos no lo recibían. Ellos le preguntaron: "Señor, ¿quieres que mandemos que descienda fuego del cielo, como hizo Elías, y los consuma?" (Lucas 9:54). Mientras que ellos hablaban, su espíritu fue revelado. La respuesta del Señor fue: "Vosotros no sabéis de qué espíritu sois" (9:55). El Señor nos muestra aquí que escuchar las palabras de un hombre es conocer su espíritu. Tan pronto como las palabras son pronunciadas, el espíritu es revelado: "de la abundancia del corazón habla la boca".

Hay aún otro punto para tener presente. Cuando usted está escuchando una conversación, no permita que el tema discutido lo distraiga del espíritu. Suponga que dos hermanos están envueltos en una disputa, cada uno culpando al otro. Si este asunto le es traído ¿cómo ha de tratarlo? Aunque usted pueda no tener forma objetiva de controlar los hechos estando solamente los dos presentes, usted sabe, tan pronto como ellos abren sus bocas, que sus espíritus son revelados. Entre los creyentes, el bien y el mal es juzgado no solamente por la acción sino también por el espíritu. Cuando un hermano comienza a hablar, usted puede percibir inmediatamente que su espíritu está mal, aunque le falten informaciones reales en el caso. Un hermano puede quejarse que el otro lo regañó; ¡pero inmediatamente usted percibe que su espíritu no está bien! La raíz del problema está en el espíritu.

Delante de Dios, el bien o el mal se determina no tanto por el hecho como por el espíritu. ¡Cuán a menudo ocurre que en la Iglesia un hecho malo es acompañado por un mal espíritu! Pero si el juicio es formado solamente de acuerdo con el hecho, hemos arrastrado a la Iglesia a un plano inferior. Deberíamos estar actuando en el plano del espíritu, no en aquel de la mera acción externa.

Una vez que nuestro propio espíritu haya sido liberado, podemos detectar la condición de los espíritus de otros. Si nos ponemos en contacto con un espíritu que está cerrado, tenemos que ejercitar nuestro espíritu al juzgar la impresión y al discernir al hombre. Que podamos decir con Pablo: "De aquí en adelante a nadie conocemos según la carne" (2ª Corintios 5:16). No conocemos al hombre según la carne, sino según el espíritu. Habiendo aprendido esta lección básica, abrimos un camino para que Dios pueda cumplir su propósito.

Capítulo 5

La iglesia y
la obra de Dios

S I NOSOTROS realmente comprendemos la naturaleza de la obra de Dios, prontamente admitiremos que el hombre exterior es verdaderamente un impedimento formidable. Es verdad decir que Dios se encuentra muy restringido por el hombre. El pueblo de Dios debería saber el objetivo final de la Iglesia y también de las relaciones internas de la Iglesia, del poder de Dios y de la obra de Dios.

La manifestación de Dios y la restricción de Dios

En un determinado tiempo, Dios se reveló en forma humana, en la persona de Jesús de Nazaret. Antes que el Verbo se encarnara, la plenitud de Dios no conocía límites. Sin embargo, una vez que la encarnación llegó a ser realidad, su obra y su poder fueron limitados a esta carne. ¿Este hombre, Cristo Jesús, restringiría o manifestaría a Dios? Se nos muestra en la Biblia que, lejos de limitar a Dios, Él maravillosamente manifestó la plenitud de Dios en su carne.

En nuestro día Dios se revela a través de la Iglesia. Su poder y su obra están en la Iglesia. Igual que en los Evangelios, donde encontramos toda la obra de Dios encomendada al Hijo, así hoy Dios ha confiado todas sus obras a la Iglesia y no actuará aparte de ella. Desde el día de Pentecostés hasta el presente, la obra de Dios ha sido llevada a cabo por medio de la Iglesia. Piense en la tremenda responsabilidad de la Iglesia. La comisión de Dios a la Iglesia es como su comisión previamente a un Hombre, Cristo: sin reserva y sin restricción. Así es que sólo la Iglesia puede restringir la obra de Dios o limitar su manifestación.

Jesús de Nazaret es Dios mismo. Integramente, de adentro hacia afuera, el propósito de su ser es revelar a Dios. Sus emociones reflejan las emociones de Dios; sus pensamientos revelan los pensamientos de Dios. Mientras estuvo en esta tierra, podía decir: "He descendido del cielo, no para hacer mi voluntad, sino la voluntad del que me envió... No puede el Hijo hacer nada por sí mismo, sino lo que ve hacer al Padre... Porque yo no he hablado por mi propia cuenta; el Padre que me envió, él me dio mandamiento de lo que he de decir, y de lo que he de hablar." (Juan, 6:38; 5:19; 12:49). Aquí vemos a un Hombre con quien Dios ha tomado un compromiso. Él es el Verbo hecho carne. Él es Dios volviéndose hombre. Él es perfecto. Cuando el día llegó en el cual Dios deseó impartir su vida a los hombres, ese Hombre pudo declarar: "...el grano de trigo ... si muere, lleva mucho fruto" (Juan 12:24). De esta manera Dios ha elegido a la Iglesia para ser su conducto hoy; el conducto de sus palabras, para la manifestación de su poder y de su obra.

La enseñanza básica de los Evangelios es la presencia de Dios en un Hombre, mientras que la de las Epístolas es Dios en la Iglesia. Que nuestros ojos se abran al hecho glorioso: Dios anteriormente moraba en el Hombre Jesucristo, pero ahora Dios está solamente en la Iglesia y no en cualquier otra organización.

Cuando esta luz nos aparece, espontáneamente levantaremos nuestros ojos al cielo diciendo: "¡Oh, Dios! ¡Cuánto te hemos impedido!" En Cristo, el todopoderoso Dios era aún todopoderoso sin sufrir ninguna restricción o limitación. Lo que Dios espera hoy es que este mismo poder pueda quedar intacto cuando Él resida en la Iglesia. Él desea tener la misma libertad para manifestarse a través de la Iglesia, como lo tuvo en Cristo. Cualquier limitación o incapacidad en la Iglesia invariablemente limitará a Dios. Este es un hecho de lo más serio: no hablamos de él livianamente. El impedimento en cada uno de nosotros constituye un impedimento para Dios.

¿Por qué es la disciplina del Espíritu Santo tan importante? ¿Por qué es tan urgente la división del espíritu y el alma? Es porque Dios debe hallar un paso a través de nosotros. Que nadie piense que estamos solamente interesados en la experiencia espiritual individual. Nuestra preocupación es el camino de Dios y su obra. ¿Está Dios libre en nuestras vidas? A menos que seamos tratados y quebrantados por medio de la disciplina, restringiremos a Dios. Sin el quebrantamiento del hombre exterior, la Iglesia no puede representar un camino para la manifestación de Dios.

El quebrantamiento: el modo de obrar de Dios

Prosigamos ahora para considerar cómo el quebrantamiento del hombre exterior afectará nuestra lectura de la Palabra de Dios, a nosotros como ministros de la Palabra y a nuestra predicación del evangelio.

(1) La lectura de la Biblia:

Es indiscutible que lo que SOMOS determina lo que extraemos de la Biblia. ¡Cuán a menudo el hombre en su vanagloria depende de su mente no renovada y confusa para leer la Biblia! El fruto de su lectura es nada más que su propio pensamiento. El no toca el espíritu de la Santa Palabra. Si esperamos encontrarnos con el Señor en su Palabra, nuestros pensamientos deben ser primero quebrantados por Dios. Podemos tener muy alta opinión de nuestra astucia, pero para Dios es un gran obstáculo. Nunca puede guiarnos al pensamiento suyo.

Hay por lo menos dos requerimientos básicos para leer la Biblia: primero, nuestro pensamiento debe compenetrarse en el pensamiento de la Biblia; y segundo, nuestro espíritu debe compenetrarse en el espíritu de la Biblia. Usted debe pensar como el escritor —ya sea Pablo, Pedro o Juan— cuando estaba escribiendo la Palabra. Su pensamiento debe comenzar donde comienza el pensamiento del escritor, y desarrollarse al tiempo que se desarrolla el del autor. Usted debe poder razonar al paso que él razona y exhortar a medida que él exhorta. En otras palabras, su pensamiento debe estar engranado con el pensamiento del autor. Esto permitirá al Espíritu darle el significado preciso de la Palabra.

Piense en una persona que se acerca a la Biblia con ideas preestablecidas. Lee la Biblia para obtener apoyo para sus doctrinas preconcebidas. ¡Qué trágico! Una persona experimentada, después de oír a éste hablar por cinco o diez minutos, puede discernir si el orador está usando la Biblia para sus propios fines o si su pensamiento ha entrado en el pensamiento de la Biblia. He aquí una diferencia de plano. Uno puede ponerse de pie y dar un mensaje agradable, de apariencia escritural, pero en realidad su pensamiento es contradictorio al pensamiento de la Biblia. O podemos oír predicar a alguien cuyo pensamiento expresa el pensamiento de la Biblia y es por lo tanto armonioso y está unido con ello. Aunque esta condición debería ser la norma, no todos la alcanzan. Para unir nuestro pensamiento al pensamiento de la Biblia, necesitamos tener quebrantado el hombre exterior. No piense que nuestra lectura de la Biblia es pobre por la falta de instrucción. El defecto está más bien en nosotros porque nuestros pensamientos no han sido subyugados por Dios. Así, pues, estar quebrantados es cesar de nuestras propias actividades y de nuestros pensamientos subjetivos y gradualmente empezar a tocar la mente del Señor y seguir el hilo del pensamiento de la Biblia. Hasta que el hombre exterior no esté quebrantado, no puede entrar en el pensamiento de la Palabra de Dios.

Si bien esto es importante, aún tenemos que mencionar el asunto primordial. La Biblia es más que palabras, ideas y pensamientos. La característica más sobresaliente de la Biblia es que el Espíritu de Dios es liberado a través de este libro. Cuando un escritor, ya sea Pedro, Mateo o Marcos, es inspirado por el Espíritu Santo, su mente renovada sigue el pensamiento inspirado y su espíritu es liberado con el Espíritu Santo. El mundo no puede entender que haya un espíritu en la Palabra de Dios, y que ese espíritu pueda ser liberado tal como se manifiesta en el ministerio profético. Si usted está escuchando un mensaje profético, se dará cuenta que hay un elemento místico aparte de la palabra y pensamiento. Esto se puede percibir claramente y bien puede llamarse el Espíritu en la Palabra de Dios.

No hay solamente PENSAMIENTO en la Biblia; el ESPIRITU MISMO aparece. Es solamente cuando su espíritu puede salir y tocar al espíritu de la Biblia que usted puede entender lo que la Biblia dice. Para ilustrarlo, pensemos en un niño malo que deliberadamente rompe la ventana de un vecino. El vecino sale y lo amonesta fuertemente. Cuando la madre del niño se entera de la travesura, ella también lo reprocha severamente. Pero de alguna forma, hay una diferencia en espíritu entre las dos represiones. Uno es áspero, dado en un espíritu de enojo; el otro expresa amor, esperanza y dirección. Este es sólo un ejemplo sencillo. El Espíritu es quien inspira las palabras de las Escrituras, es el Espíritu eterno, siempre presente en la Biblia. Si nuestro hombre exterior ha sido quebrantado, nuestro espíritu es liberado y puede tocar ese Espíritu que inspira las Escrituras. De otra manera, la Biblia quedará como un libro muerto en nuestras manos.

(2) Ministerio de la Palabra:

Dios desea que entendamos su palabra, pues éste es el punto de partida del servicio espiritual. Igualmente está ansioso de poner su palabra como una carga en nuestro espíritu para que podamos usarla para ministrar a la Iglesia. En Hechos 6:4 leemos: "Y nosotros persistiremos en la oración y en el ministerio de la palabra." "Ministerio" significa servir. Así que el ministerio de la palabra significa servir a las almas con la Palabra de Dios.

¿A qué se debe que fracasamos en expresar la Palabra en el ministerio? A menudo uno puede sentir la carga de una palabra que siente que debe comunicar a los hermanos. Sin embargo, cuando está parado y habla una frase tras otra, la carga interior permanece tan pesada como siempre. Aún después que ha transcurrido una hora, no hay sensación de alivio, y finalmente debe irse tan pesadamente cargado como cuando vino. ¿Por qué? Es porque su hombre exterior no ha sido quebrantado. En vez de ser una ayuda, las facultades del alma se vuelven un obstáculo para el hombre interior.

Sin embargo, una vez que el hombre exterior está quebrantado, la expresión ya no es más un problema. Uno entonces puede pensar en palabras apropiadas para expresar su sentimiento interior. Por medio de la liberación, la carga interior se alivia. Esta es la manera de ministrar la Palabra de Dios a la Iglesia. Por esto repetimos: el hombre exterior es el impedimento más grande para el ministerio de la Palabra.

Muchos tienen la noción errónea de que las personas inteligentes están más capacitadas para ser usadas. ¡Cuán equivocados están! No importa cuán inteligente usted sea, el hombre exterior nunca puede sustituir al hombre interior. Solamente después que el hombre exterior sea quebrantado, el interior puede hallar pensamiento adecuado y palabras apropiadas. La cáscara del hombre exterior debe ser destrozada por Dios. Cuanto más rota está, más dejará pasar la vida del espíritu. Mientras esta cáscara permanezca intacta, la carga en el espíritu no puede ser puesta en libertad, ni pueden la vida y el poder de Dios fluir de usted a la Iglesia. Es mayormente a través del ministerio de la Palabra que la vida y el poder de Dios son abastecidos. A menos que su hombre interior sea liberado, las almas sólo pueden oír su voz; no pueden entrar en contacto con vida. Puede que usted tenga una palabra que dar, pero sus oyentes no la pueden captar, y es porque usted no tiene medios de expresión.

La dificultad es que la vida interior no puede fluir. Hay un mensaje dentro suyo, pero no puede expresarlo. La obra de Dios está continuando adentro, y sin embargo, no puede ser manifestada a causa del obstáculo exterior. Dios no puede expresarse con libertad a través suyo.

(3) Predicación del Evangelio:

Hay un error de concepto común que es éste: Las personas creen en el evangelio porque han sido mentalmente convencidas de la corrección doctrinal o emocionalmente conmovidas por su apelación. En realidad, aquellos que responden al evangelio por algunas de estas dos razones, no duran mucho tiempo. El intelecto y la emoción necesitan ser alcanzados, pero éstos solos no son suficientes. La mente puede alcanzar a la mente y la emoción a la emoción, pero en la salvación el espíritu es el que actúa, y éste escudriña mucho más profundo. El Espíritu debe tocar al espíritu. Solamente cuando el espíritu del predicador aflora y brilla, los pecadores caen y se entregan a Dios. Este es el espíritu necesario y correcto en la predicación del evangelio.

Un hombre que trabajaba en las minas, grandemente usado por Dios, escribió un libro llamado VISTO Y OIDO, en el cual relata sus experiencias en la predicación del evangelio. Fuimos profundamente tocados al leer este libro. Aunque era sólo un hermano común, ni muy educado ni especialmente dotado, él se ofrecía totalmente al Señor y era poderosamente usado por Él. Una cosa lo caracterizaba: era un hombre quebrantado; su espíritu era puro. Durante una reunión mientras escuchaba una predicación, se sintió con tanta carga por las almas que pidió al predicador que le concediera permiso para hablar. Fue al púlpito pero las palabras no acudían a su boca. Su hombre interior ardía de tal modo con pasión por las almas que derramaba un torrente de lágrimas. En total, logró pronunciar sólo unas pocas oraciones incoherentes.

Sin embargo, el Espíritu de Dios llenó aquel lugar de reunión; las personas fueron convencidas de sus pecados y de su estado de perdición. Aquí había un joven que estaba quebrantado; tenía pocas palabras, pero cuando su espíritu hallaba salida, la gente era poderosamente conmovida. Al leer su autobiografía, reconocimos que su espíritu estaba totalmente liberado. Fue el instrumento para salvar a muchos durante toda su vida.

Esta es la forma de predicar el evangelio. Cada vez que ve a alguien que no es salvo, usted siente que debe darle las buenas nuevas. Debe permitir que su espíritu sea liberado. Predicar el evangelio es puramente un asunto de tener quebrantado el hombre exterior para que el hombre interior pueda fluir y tocar a los otros. Cuando su espíritu toca el espíritu de otro, el Espíritu de Dios vivifica ese espíritu que está en oscuridad para que pueda ser maravillosamente salvado. Sin embargo, si su espíritu está limitado por el hombre exterior, Dios no tiene salida en usted y el evangelio está bloqueado. Es por esto que dirigimos tanta atención al tratamiento del hombre exterior. Si nos falta ese tratamiento, somos impotentes para ganar almas, aunque hayamos memorizado todas las doctrinas. La salvación viene cuando nuestro espíritu toca el espíritu del otro. Entonces esa alma no puede menos que postrarse a los pies de Dios. ¡Oh, amados, cuando nuestro espíritu sea verdaderamente liberado, las almas serán salvadas!

Cuando las personas se salvan no es la voluntad de Dios que demoren en abandonar sus pecados, que esperen años antes de la consagración, y que aún más tiempo antes de responder al llamado de servir realmente al Señor. Tan pronto como el alma cree, inmediatamente debería abandonar sus pecados, totalmente consagrarse al Señor y romper con el dios de las riquezas. Su historia debería ser como aquellas registradas en los Evangelios y en los Hechos. Para restaurar el evangelio a su gloria, el Señor debe tener un camino en las vidas de los mensajeros del evangelio.

En estos años hemos sido totalmente convencidos que el Señor está obrando hacia la restitución. El evangelio de la gracia y el evangelio del reino deben estar unidos. En los Evangelios, estos dos nunca estuvieron separados. Sólo en años posteriores apareció la tendencia de enfatizar el evangelio de la gracia e ignorar el evangelio del reino. De este modo los dos han sido separados. Pero el tiempo está maduro para que ellos sean unidos, para que las personas sean completamente salvadas, desechando todo y consagrándose totalmente al Señor.

Inclinemos nuestras cabezas ante el Señor y reconozcamos que el evangelio y los mensajeros deben ser recuperados. Para que el evangelio entre a los hombres debemos permitir que Dios se manifieste a través nuestro. Como la predicación efectiva del evangelio requiere más poder, para tal fin los mensajeros del evangelio deben ponerse a disposición del Señor. Debemos poner todo sobre el altar. Oremos así: "Señor, pongo mi todo sobre el altar. Encuentra un camino a través de mí, para que la Iglesia pueda también hallar en mí un camino. No quisiera ser uno que te detenga y que detenga a la Iglesia".

El Señor Jesús nunca limitó a Dios en ningún sentido. Por casi dos mil años, Dios ha estado obrando en la Iglesia hacia el día en que la Iglesia deje de limitarlo a Él. Como Cristo plenamente manifiesta a Dios, así será con la Iglesia. Paso a paso Dios está instruyendo y tratando a sus hijos; una y otra vez sentimos su mano sobre nosotros. Así será hasta el día aquel cuando la Iglesia sea en verdad la plena manifestación de Dios. Hoy volvámonos al Señor y confesémosle: "Señor, estamos avergonzados. Hemos demorado tu obra; hemos impedido tu vida; hemos bloqueado la extensión del evangelio, y hemos limitado tu poder." Individualmente en nuestros corazones encomendémonos a Él nuevamente, diciendo: "Señor, pongo mi todo sobre el altar, para que tú puedas obtener un camino en mí". Si esperamos que el evangelio sea plenamente recuperado, debemos consagrarnos a Dios, como aquellos de la Iglesia primitiva. Para que el evangelio sea recuperado, la consagración debe ser recuperada. Ambos deben ser totales.

¡Que Dios pueda hallar esa salida a través de nosotros!

Capítulo 6

Quebrantamiento y disciplina

PARA QUE el hombre exterior sea quebrantado, es imprescindible que haya una completa consagración. Sin embargo debemos entender que este acto de crisis por sí solo, no resolverá nuestro problema en el servicio. La consagración es meramente una expresión de nuestra buena voluntad de estar en las manos de Dios, y puede producirse en sólo unos pocos minutos. No piense que Dios puede TERMINAR de tratar con nosotros en un lapso corto de tiempo. Cuando estamos dispuestos a ofrecernos completamente a Dios, recién estamos empezando en el camino espiritual. Es como entrar por el portón. Después de la consagración, debe seguir la disciplina del Espíritu Santo; este es el verdadero sendero. Se requiere, además de la consagración, la disciplina del Espíritu Santo para ser vasos aptos para el uso del Maestro. Sin consagración, el Espíritu Santo encuentra dificultad en disciplinarnos. Sin embargo, la consagración no puede servir de sustituto para su disciplina.

Aquí, pues, hay una importante diferencia: nuestra consagración puede realizarse únicamente de acuerdo con la medida de nuestra penetración espiritual y comprensión, mientras el Espíritu Santo disciplina de acuerdo con su propia luz. Realmente no sabemos cuánto involucra nuestra consagración. Nuestra luz es tan limitada que cuando nos parece a nosotros estar en el apogeo de la consagración, a la vista de Dios es como una profunda oscuridad, pues la demanda de Dios excede con creces lo que podemos consagrar. La disciplina del Espíritu Santo, por otra parte, es aplicada a nosotros de acuerdo con nuestra necesidad, tal como Dios la ve. Él conoce nuestra necesidad especial, y así por su Espíritu, Él ordena nuestras circunstancias de tal manera que produzcan el quebrantamiento del hombre exterior. Note hasta qué punto la disciplina del Espíritu Santo trasciende a nuestra consagración.

Ya que el Espíritu Santo obra de acuerdo a la luz de Dios, su disciplina es cabal y completa. A menudo nos sorprendemos de las cosas que nos acontecen, pero si se nos dejara decidir por nuestra cuenta, podríamos errar en nuestras mejores decisiones. La disciplina que Él ordena trasciende nuestro entendimiento. ¡Cuán a menudo nos toma de sorpresa y sacamos en conclusión que seguramente una medida tan drástica no puede ser lo que necesitamos! Muchas veces su disciplina desciende sobre nosotros súbitamente sin que tengamos aviso previo. Podemos insistir que estamos viviendo en "la luz" pero el Espíritu Santo nos está tratando de acuerdo con la luz de Dios. Desde el momento en que le recibimos, Él ha estado ordenando nuestras circunstancias para nuestro provecho de acuerdo con el conocimiento cabal que tiene de nosotros.

Usted le ha dicho al Señor: "¡Señor! Haz en mi vida lo que Tú consideres mejor". Ahora que usted se ha puesto así incondicionalmente en sus manos, el Espíritu Santo puede obrar libremente en usted. Para decidirse de todo corazón a seguir al Señor, usted debe prestar perfecta atención a la obra disciplinaria del Espíritu Santo.

El mayor medio de gracia

Dios ha estado derramando su gracia sobre nosotros desde el día que fuimos salvos. Las formas por las cuales podemos recibir gracia de Dios son generalmente llamadas "los medios de gracia". La oración y el ministerio de la Palabra son dos ejemplos pues por medio de ellos podemos acercarnos a Dios y recibir su gracia. Este término descriptivo, "los medios de gracia" ha sido universalmente aceptado por la Iglesia a través de los siglos. Recibimos gracia por medio de reuniones, por medio de mensajes, por medio de oraciones, etc.

Pero, sin lugar a dudas, el mayor medio de gracia que no podemos dejar de estimar es la disciplina del Espíritu Santo. Nada puede ser comparado a este medio de gracia: ni la oración, ni la lectura de la Biblia, reuniones, mensajes, meditación o alabanzas. Entre todos los medios de gracia dados por Dios, parecería que éste es el más importante.

La obra del Espíritu Santo en nuestras vidas tiene su lado positivo a la vez que su aspecto negativo; es decir, una fase constructiva y una destructiva. Después que hemos experimentado el nuevo nacimiento, el Espíritu Santo mora en nosotros, pero nuestro hombre exterior frecuentemente lo priva de su libertad. Es como tratar de caminar con un par de zapatos nuevos que no calzan bien. Dado que nuestro hombre exterior y el interior están en desacuerdo, Dios debe emplear cualquier medio que crea efectivo para derribar cualquier fortaleza sobre la cual nuestro hombre interior no tenga el control.

No es con una concesión de gracia al hombre interior que el Espíritu Santo quebranta al exterior. Por supuesto, Dios quiere que el hombre interior sea fuerte, pero su método es utilizar medios externos para disminuir nuestro hombre exterior. Sería poco menos que imposible que el hombre interior lograra esto, ya que estos dos son tan diferentes en naturaleza que escasamente se puede infligir herida alguna. En efecto, la naturaleza del hombre exterior y la de las cosas externas son similares; de manera que éstas pueden fácilmente afectar a aquélla. Las cosas externas pueden golpear al hombre exterior en la forma más dolorosa. Así pues, Dios usa cosas externas para tratar nuestro hombre exterior

Usted recuerda que la Biblia dice que dos pajarillos son vendidos por un cuarto (Mateo 10:29) y que cinco pajarillos son vendidos por dos cuartos (Lucas 12:6). Esto es ciertamente barato, y el quinto pajarillo va gratis. Sin embargo, "ni uno de ellos cae a tierra sin vuestro Padre. Pues aún vuestros cabellos están todos contados" (Mateo 10:29, 30). No solamente cada cabello está contado sino que cada uno está también numerado (ver el texto en griego). De aquí que podemos estar seguros que todas nuestras circunstancias están ordenadas por Dios. Ninguna cosa es accidental.

El orden de cosas que Dios elige es de acuerdo a su conocimiento de nuestras necesidades, y su objetivo es destrozar nuestro hombre exterior. Sabiendo que una cierta cosa externa nos afectará de determinado modo, Él ordena las cosas para que las enfrentemos una vez, dos veces y aún más. ¿Se da cuenta usted que todos los sucesos de su vida en los cinco o diez años pasados fueron ordenados por Dios para su educación? Si usted murmuró y se quejó, tristemente faltó en reconocer su mano. Si usted pensó que era sólo un desafortunado, estaba ignorando la disciplina del Espíritu Santo. Recuerde que cualquier cosa que nos suceda, está medida por la mano de Dios para nuestro supremo bien. Aunque probablemente no es lo que nosotros elegiríamos, Dios sabe lo que es mejor para nosotros. ¿Dónde estaríamos hoy si Dios no nos hubiera disciplinado así por medio de ordenar nuestras circunstancias? Es esto mismo lo que nos mantiene puros y caminando en su senda. ¡Qué tontos son aquellos que murmuran con sus bocas y se rebelan en sus corazones a causa precisamente de las cosas que el Espíritu Santo, en su sabiduría, ha dispuesto para su bien!

Tan pronto como somos salvos el Espíritu Santo comienza a aplicar su disciplina; pero Él no puede actuar libremente hasta que nuestra consagración sea total. Después que uno es salvo pero no consagrado aún, y mientras se ame a sí mismo más que al Señor, el Espíritu Santo está obrando para traerlo bajo control y quebrantar su hombre exterior para que Él pueda obrar sin impedimentos.

Finalmente, llega un tiempo cuando usted se convence que no puede vivir POR y PARA usted mismo. En la poca luz que tiene, usted viene a Dios y dice: "Me consagro a Ti. Que venga la vida o la muerte, estoy en tus manos". Esto fortalecerá la obra del Espíritu Santo en su vida. En esto estriba la importancia de la consagración, pues permite al Espíritu Santo que obre sin restricciones. Así que no piense que es nada extraño cuando muchas cosas inesperadas le acontecen después de su consagración.

Analizando este medio de gracia en nuestras vidas, podemos ver qué progreso hemos hecho con el Señor. Lo que experimentamos a diario, en el hogar o en la escuela, en la fábrica o en la calle, está ordenado por el Espíritu Santo para nuestro más alto beneficio. Si no resultamos beneficiados por éste, el mayor de los medios de gracia, sufrimos una pérdida muy grande. Ninguno de los otros medios puede reemplazarlo, aunque ellos son todos de gran valor. Los mensajes nos alimentan, las oraciones nos restauran, la Palabra de Dios nos refresca, y ayudar a otros libera nuestro espíritu. Pero si nuestro hombre exterior queda sin ser quebrantado, daremos a todos los que llegan a tener contacto con nosotros, la impresión de tener motivos mixtos e impuros. Las personas reconocerán nuestro celo, pero también nuestro amor a nosotros mismos. Sentirán que somos hermanos de valor espiritual, pero un tanto difíciles, pues nuestro hombre exterior no ha sido quebrantado. No olvidemos, que aunque somos edificados por medio de mensajes, oración y la Biblia, el medio mayor de edificación es la disciplina del Espíritu Santo.

De aquí que debe haber de nuestra parte una completa consagración para que nos sometamos a lo que el Espíritu Santo ordena. Tal sumisión nos trae bendición.

Si, en cambio, discutimos con Dios y seguimos nuestras propias inclinaciones, erraremos el camino. Una vez que nos demos cuenta que todos los arreglos de Dios son para nuestro más alto provecho —aun las cosas desagradables— y estamos dispuestos a aceptar éstas como medidas disciplinarias de parte de él, veremos cómo el Espritu Santo hará uso de todas las circunstancias que nos rodean en su trato para con nosotros.

Tratamiento de varias clases

Cualesquiera que sean las cosas a que usted está ligado, Dios las irá tratando una tras otra. Ni aún tales trivialidades como la ropa, comida o bebida pueden escapar de la cuidadosa mano del Espíritu Santo. Él no descuidará de una sola parte de su vida. Puede que usted aún ignore su atracción para una cierta cosa, pero él lo sabe y lo tratará en forma radical. Hasta que llegue el día cuando todas estas cosas sean destruidas, usted no conocerá la libertad perfecta. En estos tratos usted podrá finalmente reconocer la minuciosidad del Espíritu Santo. Las cosas olvidadas por largo tiempo son traídas a la mente por el Señor. Las obras de Dios son perfectas, y nada menos que la perfección puede satisfacerle. Él no puede conformarse con una obra parcial. Algunas veces Él lo tratará por medio de otros, arreglando para que usted se encuentre con alguien con quien está enojado, o a quien desprecia o de quien está celoso; o muy a menudo por medio de aquellos a quienes ama. Antes, usted no sabía cuán impuro y confundido estaba, pero después de estas experiencias, se da cuenta cuánta "basura" hay en su vida. Pensaba que era totalmente para el Señor, pero después de recibir la disciplina del Espíritu Santo, usted comienza a ver cuánto dominio tienen los efectos de las cosas externas sobre su vida.

También la mano de Dios puede tocar nuestra vida en el plano de los pensamientos. Descubrimos que éstos son confusos, independientes, descontrolados. Fingimos ser más sabios que otros. Entonces es cuando el Señor permite que nos estrellemos contra una pared y caigamos de bruces, todo para mostrarnos que no deberíamos atrevernos a usar nuestros pensamientos desmedidamente. Una vez que hemos recibido luz en esto, temeremos a nuestros propios pensamientos como tememos al fuego. De la misma manera que una mano se retira inmediatamente de una llama, así instantáneamente retrocederemos cuando encontremos que nuestros pensamientos están fuera de control. Nos diremos a nosotros mismos: "Esto no es lo que debería pensar; temo continuar con mis propios pensamientos".

Además, Dios arreglará de tal modo nuestras circunstancias que tratará con nuestras emociones. Algunas personas son extremadamente emocionales. Cuando se alegran, no pueden contenerse; cuando están deprimidas, no pueden consolarse. Su vida entera gira alrededor de sus emociones, de manera que su alegría resulta en disipación y su depresión en inactividad. ¿Cómo rectifica Dios esto? Él coloca a tales personas en situaciones donde no se atreven a estar demasiado felices cuando están alegres, ni demasiado tristes cuando están deprimidas. Aprenden a depender sólo de la gracia de Dios y a vivir por su misericordia, no por sus emociones variables.

Aunque las dificultades con los pensamientos y las emociones son bastante comunes, la dificultad mayor y más prevaleciente es con la voluntad. Nuestras emociones se desatan descontroladamente porque nuestras voluntades no han sido tratadas. La raíz del mal está en nuestra voluntad. Lo mismo sucede con nuestros pensamientos. Es posible que nosotros pronunciemos las palabras "no mi voluntad, sino la tuya", pero ¿cuán a menudo realmente permitimos al Señor que se haga cargo de la situación cuando sucede algo inesperado? Mientras menos se conoce a usted mismo, más fácilmente pronunciará dichas palabras. Cuanto menos iluminado esté, más fácil parece ser la sumisión a Dios. El que habla estas palabras ligeramente, demuestra que nunca ha sido quebrantado.

Solamente después de ser tratados por Dios, veremos realmente cuán duros somos y cuán decididos estamos a imponer nuestra propia opinión. Dios debe tratarnos para hacer tiernas y dóciles nuestras voluntades. Las personas de voluntad fuerte están convencidas que sus sentimientos, maneras y juicios son siempre correctos. Considere cómo Pablo recibió esta gracia relatada en Filipenses 3:3: "no teniendo confianza en la carne". También debemos ser guiados por Dios a tal punto que no nos atrevamos a confiar en nuestro propio juicio. Dios nos permitirá cometer error tras error hasta que nos demos cuenta que ésta seguirá siendo nuestra experiencia en el futuro también si no se produce un cambio radical. Verdaderamente necesitamos la gracia del Señor. Frecuentemente el Señor permite que tengamos que segar serias consecuencias como resultado de nuestros propios juicios.

Finalmente, usted será tan golpeado por sus fracasos que dirá: "Temo a mis propios juicios como al fuego del infierno. Señor, soy propenso a cometer errores. A menos que tú seas misericordioso conmigo, a menos que tú me apoyes, a menos que tú me detengas con tu mano, me equivocaré nuevamente." Este es el comienzo de la destrucción del hombre exterior: cuando usted ya no se atreve a confiar en usted mismo. Sus propias opiniones saltan con facilidad hasta que usted ha sido tratado repetidamente por Dios y ha sufrido muchos fracasos. Entonces usted cederá y dirá: "Dios, no me atrevo a pensar, no me atrevo a decidir". Esta es la disciplina del Espíritu Santo cuando toda clase de cosas y toda suerte de personas están presionando de todas direcciones.

¡No piense que habrá alguna disminución de esta lección! Muy a menudo la provisión de la Palabra puede faltar u otro medio de gracia puede ser insuficiente, sin embargo este medio de gracia especial, la disciplina del Espíritu Santo, está siempre con nosotros. Usted puede decir que no tiene oportunidad de oír y de ser edificado por la Palabra, pero esto nunca será cierto en cuanto a la disciplina del Espíritu Santo. A diario Él está ordenando amplias oportunidades para su provecho espiritual.

Una vez que usted se rinde a Dios, esta disciplina llenará su necesidad en un grado mucho mayor que la de la Palabra. No es sólo para los instruidos, los inteligentes, los dotados; no, es el camino para todo hijo de Dios. La provisión de la Palabra, la gracia de la oración, la comunión de los creyentes, ninguna de éstas puede sustituir la disciplina del Espíritu Santo. Esto es porque usted necesita no solamente ser edificado, sino que necesita ser destruido, para ser librado de todas las cosas en su vida que no pueden ser llevadas a la eternidad.

La operación de la Cruz

La cruz es más que una doctrina; debe ser puesta en práctica. No piense que el camino a la humildad radica en recordar constantemente que no debemos ser orgullosos. Debemos ser golpeados vez tras vez —si es necesario hasta veinte veces— hasta que estemos rendidos y sin orgullo. Nunca pensemos que esto se produce meramente por seguir las enseñanzas de un cierto hermano. No, se produce cuando nuestro orgullo ha sido destrozado por medio de los tratos de Dios.

A través de la operación de la cruz aprenderemos a depender de la gracia de Dios, y no de nuestra memoria. Si lo recordamos o no, el hecho permanece Él está realizando una obra segura y duradera. Anteriormente, el hombre exterior y el interior no podían tomarse de la mano; pero ahora el hombre exterior espera mansamente, con temor y temblor, ante Dios.

Cada uno de nosotros necesita de esta disciplina del Señor. Cuando pasamos revista a nuestra historia pasada, no podemos dejar de ver la mano de Dios al tratar la independencia, orgullo y egoísmo de nuestro hombre exterior. Es entonces que descubrimos el significado de las cosas que nos han sucedido.

Capítulo 7
División y revelación

DIOS DESEA no solamente quebrantar al hombre exterior, sino también dividirlo para que ya no esté enredado en las actividades del hombre interior. Simplemente podemos decir que Dios quiere separar nuestro espíritu de nuestra alma.

Un espíritu mezclado

¡Cuán raro es en estos días encontrar un espíritu puro! Por lo general cada vez que nuestro espíritu se expresa, el alma también lo hace; pues están mezclados. Así que el primer requerimiento en la obra de Dios es un espíritu puro, y no uno fuerte. Aquellos que desatienden ésto, aunque su obra pueda ser realizada en poder, la hallarán destruída debido a la falta de pureza. Aunque puedan verdaderamente poseer el poder de Dios, sin em-

76

bargo, a causa de que su Espíritu está mezclado, están destruyendo lo que construyen. Veamos si podemos comprender ésto.

Algunos pueden pensar que, mientras ellos reciban poder de Dios, todas sus habilidades naturales serán de su pertenencia. ¡No es así! Cuanto más conocemos a Dios, más conocemos y amamos un espíritu puro, una pureza que no permite mezcla del hombre exterior con el interior. Uno cuyo hombre exterior no ha sido tratado, no puede esperar que el poder que fluye de su interior sea puro. Pues, si el poder espiritual está mezclado cuando se expresa, aunque los resultados parezcan buenos, constituye un pecado delante de Dios.

Muchos hermanos jóvenes, sabiendo bien que el evangelio es el poder de Dios, insinúan su propia sagacidad, sus chistes, y sus sentimientos personales en su predicación del evangelio; de este modo sus oyentes entran en contacto con ellos a la vez que tocan el poder de Dios. Aunque ellos mismos quizá no lo perciban, otros que son puros en espíritu instantáneamente detectarán tales impurezas. Con cuánta frecuencia nuestro celo en la obra está mezclado con el placer natural. Estamos haciendo la voluntad de Dios porque sucede que coincide con la nuestra. El estar firmes para Dios es meramente una expresión de nuestra fuerte personalidad.

Ya que nuestro mayor problema es esta impureza, Dios debe obrar de tal modo en nuestras vidas que nuestro hombre exterior sea quebrantado y que seamos refinados de nuestras impurezas. Mientras Dios está rompiendo nuestra dura cáscara exterior, también está haciendo la obra de refinamiento. De este modo vemos las dos fases de su tratamiento con nosotros: QUEBRANTANDO EL HOMBRE EXTERIOR y DIVIDIENDOLO DEL ESPIRITU. La primera es hecha a través de la disciplina del Espíritu Santo, la segunda por medio de la revelación del Espíritu.

La necesidad de ser quebrantado y dividido

El hombre exterior necesita ser quebrantado para que el espíritu sea liberado. Pero cuando el espíritu se expresa, no debe estar ensombrecido por el hombre ex-

terior. Este problema nos lleva más allá de la liberación
del espíritu, pues alcanza la limpieza o pureza del espíritu.

Si uno no está iluminado respecto a la naturaleza
del hombre exterior, y de este modo no se ha juzgado
estrictamente ante Dios, su hombre exterior automáti-
camente saldrá junto con su espíritu. Mientras está ministrando ante Dios, podemos decir que es así. Puede que
exhiba a Dios, pero también exhibe su yo no juzgado. ¿No
es extraño que nuestra parte más prominente, nuestro
punto más fuerte, siempre toca a los demás? Nuestro
hombre exterior no juzgado proyectará su punto más
fuerte sobre otros. Esto no se puede disimular. ¿Cómo
puede usted esperar llegar a ser espiritual en el púlpito
si no es espiritual en su cuarto? ¿Puede llegar a ser espiritual por sus propios medios? Aunque trate de evitarlo
arduamente, usted se revela cada vez que abre la boca.

Si verdaderamente desea ser librado, Dios debe tratar su punto fuerte en una manera profunda, y no sólo
superficialmente. Sólo después que Él lo ha quebrantado
en este punto, su espíritu puede ser liberado sin que sus
impurezas sean descargadas sobre otros.

La impureza es el mayor problema en las vidas de
los siervos de Dios. Frecuentemente detectamos tanto
vida como muerte en nuestros hermanos. Hallamos a
Dios pero también al "yo", un espíritu manso pero también obstinación, al Espíritu Santo pero también a la
"carne"; todos en la misma persona. Cuando uno se pone de pie para hablar, impresiona a los demás con un
espíritu mezclado, un espíritu que no está limpio. Por
lo tanto, para que Dios lo use como ministro de su Palabra, para que sea el portavoz de Dios, debe buscar la
misericordia de Dios orando: "Oh, Dios, haz una obra
en mí para romper, para dividir mi hombre exterior".
De otra manera, el Nombre del Señor será perjudicado.
Usted está dando a los hombres lo que es suyo propio
mientras ministra la Palabra. El Nombre del Señor no
sufre a causa de su falta de vida, sino a causa de impurezas en su vida. La Iglesia de igual manera está sufriendo.

Ahora que hemos considerado la disciplina del Espíritu Santo, ¿qué sucede con la revelación del Espíritu Santo? La disciplina del Espíritu puede preceder a su revelación o puede seguirla. No hay orden fijo; con algunos Él puede comenzar con su disciplina, en otros con su revelación. No obstante, es cierto que la discipina del Espíritu Santo excede a su revelación. Nos estamos refiriendo, por supuesto, a la experiencia de los hijos de Dios, no a la doctrina. A la mayoría, les parecerá que la disciplina desempeña un papel mayor que la revelación.

Cómo divide la palabra viva

"Porque la palabra de Dios es viva y eficaz, y más cortante que toda espada de dos filos; y penetra hasta partir el alma y el espíritu, las coyunturas y los tuétanos, y discierne los pensamientos y las intenciones del corazón. Y no hay cosa creada que no sea manifiesta en su presencia; antes bien todas las cosas están desnudas y abiertas a los ojos de Aquel a quien tenemos que dar cuenta." (Hebreos 4:12, 13).

La primera cosa que merece notarse es que la Palabra de Dios es viva. Su Palabra es seguramente viva cuando la vemos. Si no la hallamos viva, simplemente no la hemos visto. Podemos haber dado lectura a las palabras de la Biblia, pero si no entramos en contacto con algo vivo, no vemos la Palabra de Dios.

Juan 3:16 dice: "Porque de tal manera amó Dios al mundo que ha dado a su hijo unigénito para que todo aquél que en Él cree no se pierda mas tenga vida eterna". Considere cómo uno oye tal palabra; se arrodilla y ora: "¡Señor, te doy gracias y te alabo, pues tú me has amado y me has salvado!" Inmediatamente sabemos que este hombre ha tocado la Palabra de Dios, pues la Palabra ha llegado a ser viva para él. Otro hombre puede estar sentado a su lado, escuchando las mismas palabras, pero en realidad no oye la Palabra de Dios. No hay una reacción de su parte. Podemos llegar a una sola conclusión; ya que la Palabra de Dios es viva, el que escucha y no recibe vida no ha oído la Palabra de Dios.

No sólo es viva la Palabra de Dios: es también eficaz. "Viva" señala su naturaleza, mientras que "eficaz" se aplica a su capacidad de realizar o llevar a cabo la obra en el hombre. La Palabra de Dios no puede volver vacía; prevalecerá y logrará su propósito. No son meras palabras, sino palabras que operan de modo tal, que producen resultados.

¿Qué es, entonces, lo que hace la Palabra de Dios en nosotros? Penetra y divide. Es más aguda que cualquier espada de dos filos. Su agudeza es demostrada en la penetración y división de alma y espíritu, tanto de coyunturas como de tuétanos. Note la analogía aquí: la espada de dos filos contra coyunturas y tuétanos, y la Palabra de Dios contra alma y espíritu. Las coyunturas y tuétanos están encajados profundamente en el cuerpo humano. Separar las coyunturas es cortar a través de los huesos, dividir el tuétano es partir los huesos. La espada de dos filos está capacitada para obrar así en nuestro cuerpo. Solamente dos cosas son más duras para ser divididas que las coyunturas y tuétanos: el alma y el espíritu. Ninguna espada, por más que sea aguda, puede dividirlos. Aún así, estamos totalmente incapacitados para distinguir entre lo que es alma y lo que es espíritu. Sin embargo las Escrituras nos dicen cómo la Palabra viva puede hacer la tarea, pues es más aguda que cualquier espada de dos filos. La Palabra de Dios es viva, operativa y capaz de penetrar y dividir. Es en el alma y espíritu del hombre que penetra y divide.

Quizá alguien pueda formular esta inquietud: "No parece que la Palabra de Dios haya hecho algo especial en mí. A menudo he oído las palabras de Dios y aún he recibido revelación, pero no sé lo que es esta penetración ni entiendo nada acerca de esta división. Desconozco ambos procesos."

¿Cómo responde la Biblia a esta pregunta? Dice: "y penetra hasta partir el alma y el espíritu, las coyunturas y los tuétanos", pero también continúa diciendo que "discierne los pensamientos y las intenciones del corazón." "Pensamientos" se refiere a lo que deliberamos en nuestro corazón, e "intenciones" a nuestros motivos. De este modo, la Palabra de Dios es capaz de discernir tanto lo que pensamos como lo que motiva el pensamiento.

Muy a menudo podemos identificar con facilidad lo que viene del hombre exterior. Muy sueltos de lengua confesamos: "Esto era del alma, pues vino del "yo". Pero realmente no vemos lo que es el alma o el "yo". Luego, un día la misericordia de Dios llega a nosotros, su luz brilla sobre nosotros y su voz nos anuncia con severidad y solemnidad: "¡Lo que tú frecuentemente mencionas como tu YO, ES tu yo! Has hablado con ligereza acerca de la carne. Debes ver cómo Dios odia esto y no permitirá que tal cosa continúe."

Antes de ver esto, hemos podido hablar en broma acerca de la carne; pero una vez que somos alcanzados por la luz, confesaremos: "¡Ah, es ésto! Esto es lo que yo decía". Así, tenemos más que una división intelectual. Es la Palabra de Dios que pesa sobre nosotros para indicarnos lo que concebimos o proponemos en nuestros corazones. Recibimos una iluminación en dos aspectos: cómo nuestros pensamientos se originan en la carne, y cómo nuestras intenciones son enteramente egoístas.

Para ilustrar ésto consideremos dos personas inconversas. Una está consciente que es pecadora. Ha estado en muchas reuniones y ha oído muchos mensajes sobre el pecado. La predicación clara lo ha llevado a reconocerse un pecador. Sin embargo, cuando habla de sí como un pecador, puede decirlo riendo, como si realmente no importara. Otro oye los mismos mensajes, y la luz de Dios brilla sobre él. El Espíritu lo convence de tal modo que se postra en tierra y ora: "¡Oh, esto es lo que yo soy, un pecador!" No solamente ha oído, por la Palabra de Dios, que es un pecador, él también ha comprendido que ésta es su verdadera condición. El se condena a sí mismo. Es derribado hasta el polvo. Así iluminado, puede confesar su pecado y recibir la salvación del Señor. De aquí en adelante nunca hablará livianamente o en broma del pecado que ha comprendido que reside en él. Pero el primero, que jocosamente puede describirse como pecador, no ha comprendido y por lo tanto no es salvo.

¿Cómo reacciona usted a este mensaje hoy, que su hombre exterior seriamente interfiere con Dios y debe ser quebrantado por Él? Si usted puede comenzar a hablar acerca de ello libre y fácilmente, seguramente no lo ha tocado. Si, por el contrario, es iluminado por él, usted dirá: "Oh, Señor, hoy comienzo a conocerme. Hasta ahora no he reconocido mi hombre exterior." Y cuando la luz de Dios lo rodea, descubriendo su hombre exterior, usted cae a tierra, incapacitado ya para estar de pie. Instantáneamente comprende lo que usted es.

Una vez usted dijo que amaba al Señor, pero bajo la luz de Dios, encuentra que no es así; realmente se ama a usted mismo. Esta luz realmente lo divide y lo separa. Está interiormente separado, no por su mentalidad, ni por mera enseñanza, sino por la luz de Dios. Una vez usted dijo que tenía celo por el Señor, pero ahora la luz de Dios le muestra que su celo era enteramente movido por su propia carne y sangre. Usted pensaba que amaba a los pecadores mientras predicaba el evangelio, pero ahora la luz ha llegado, y descubre que su predicación del evangelio surge principalmente de su amor a la acción, su deleite en tomar la palabra, su inclinación natural. Mientras más profunda brilla esta luz divina, más se revelan las intenciones y pensamientos de su corazón. Una vez usted suponía que sus pensamientos e intenciones eran del Señor, pero en esta luz penetrante, sabe que son enteramente suyos. Tal luz lo lleva a postrarse ante Dios.

Con demasiada frecuencia lo que suponemos ser del Señor resulta ser de nosotros mismos. Aunque hayamos proclamado que nuestros mensajes eran dados por el Señor, ahora la luz del cielo nos obliga a confesar que el Señor no nos ha hablado, o si lo ha hecho, cuán poco Él ha dicho. ¡Cuánto de la obra del Señor resulta ser meramente actividad carnal! Este descubrimiento de la verdadera naturaleza de las cosas, nos ilumina al verdadero conocimiento de lo que es DE nosotros mismos y lo que es DEL Señor, cuánto procede DEL ALMA y cuánto DEL ESPIRITU. Cuán maravilloso es si podemos decir: Su luz ha brillado; nuestro espíritu y alma están divididos, y los pensamientos e intentos de nuestro corazón son discernidos.

Usted, que ha experimentado esto, sabe que está fuera del alcance de la mera enseñanza. Todos los esfuerzos para distinguir lo que es del yo y lo que es del Señor, para separar las cosas que son del hombre exterior de las que son del hombre interior —aún hasta el punto de ponerlas en lista detalle por detalle y luego memorizarlas— han resultado ser un gran derroche de esfuerzo. Usted continúa comportándose como de costumbre, pues no puede así librarse de su hombre exterior. Quizás pueda condenar la carne, quizás esté orgulloso que pueda identificar una y otra cosa como perteneciente a la carne, pero aún no está liberado de ella.

La liberación viene de la luz de Dios. Cuando esa luz brilla, usted inmediatamente ve cuán superficial y carnal ha sido su negación de la carne, cuán natural ha sido su crítica de lo natural. Pero ahora el Señor ha puesto desnudos ante sus ojos los pensamientos e intentos de su corazón. Usted cae postrado ante Él y dice: "¡Oh, Señor! Ahora sé que estas cosas son realmente de mi hombre exterior. Solamente esta luz puede realmente dividir mi exterior de mi interior."

Así es que aún nuestra negación del hombre exterior y nuestra determinación de rechazarlo, no serán de ayuda. Aún la misma confesión de nuestros pecados es sin valor, y nuestras lágrimas de arrepentimiento necesitan ser lavadas en la sangre. ¡Cuán ilusorio es imaginar que nosotros podemos exponer nuestro pecado! Solamente en su luz, nosotros veremos y estaremos revelados. Debe ser obra de Él por su Espíritu, no nuestros esfuerzos del alma, o en otras palabras producto de nuestra propia mente. Este es el único camino de Dios.

Es por esto que Dios dice: "Mi Palabra es viva y eficaz. Mi espada es la más aguda de todas. Cuando mi Palabra llega al hombre, es capaz de dividir el alma y espíritu, tal como una espada de dos filos puede dividir las coyunturas y los tuétanos."

¿Cómo divide? Revelando el pensamiento e intento de nuestro corazón. Nosotros no conocemos nuestro propio corazón. Amados, sólo aquellos que están en la luz conocen su propio corazón. ¡Ningún otro lo conoce, ninguno! Sin embargo, cuando llega la Palabra de Dios, vemos. Somos puestos de manifiesto como egocéntricos, buscando solamente gratificación, gloria, preeminencia, y prestigio para el yo. ¡Cuán bendita es aquella luz que hace que caigamos derribados a Sus pies!

¿Qué es una revelación?

La porción de las Escrituras que hemos estado considerando continúa así: "y no hay cosa creada que no sea manifiesta en su presencia; antes bien todas las cosas están desnudas y abiertas a los ojos de Aquel a quien tenemos que dar cuenta." Aquí el Señor nos da la pauta o criterio para dividir. ¿Qué constituye una revelación por el Espíritu Santo? ¿Cuánto debemos ver para considerar que ha sido una revelación? El versículo 13 puede ayudarnos a contestar ésto: LA REVELACION NOS CAPACITA PARA VER LO QUE DIOS VE. Todas las cosas están desnudas y abiertas ante Él. Si hay algún velo, está sobre nuestros propios ojos, no sobre los de Dios. Cuando Dios abre nuestros ojos para que podamos conocer las intenciones de nuestro corazón y los pensamientos más profundos dentro de nosotros en la medida que Él mismo nos conoce: ésto es revelación. De manera que estamos desnudos y expuestos ante Él, así lo estamos delante de nosotros mismos cuando recibimos revelación. Esto es revelación: nos permite ver lo que el Señor ve.

Si Dios fuese misericordioso con nosotros y nos concediera aunque fuese una medida pequeña de revelación, para que podamos vernos como somos vistos por Él, inmediatamente caeríamos derribados por tierra. No es necesario que tratemos de ser humildes. Aquellos que viven en la luz no pueden ser orgullosos. Es solamente cuando moramos en la oscuridad que podemos ser orgullosos. Fuera de la luz de Dios, los hombres pueden ser arrogantes y altivos, pero bajo la revelación de la luz, solamente pueden postrarse ante Él.

A medida que avanzamos, se vuelve más evidente que es extremadamente difícil explicar este asunto de dividir lo natural de lo espiritual, lo exterior de lo interior. Solamente cuando hay revelación, se resuelve el problema. Cuando esté capacitado para discernir los pensamientos e intenciones de su corazón, puede estar seguro que su alma y espíritu están siendo divididos.

Si usted desea ser usado por Dios, tarde o temprano permitirá que la luz brille sobre su persona. Usted se volverá hacia Él y dirá: "Oh, Dios, soy absolutamente irresponsable. No sé a quién estoy acusando, ni qué pecado estoy confesando. Sólo en tu luz lo puedo saber." Antes que reciba iluminación, usted puede decir que es un pecador, pero le falta la contrición de un pecador; puede pensar que se odia a usted mismo, pero no tiene un sentido real de aborrecimiento propio; puede decir que se niega a usted mismo, pero el sentimiento de abnegación se halla ausente. Una vez que llega la luz, la costra superficial es quitada y lo "real" queda revelado. ¡Qué descubrimiento ver que sólo me amo a mí mismo; ver que estoy engañando y defraudando al Señor; ver que no lo amo! Esta luz le mostrará lo que es y lo que ha estado haciendo. De aquí en adelante tendrá el conocimiento interior de lo que pertenece al yo. Sin este juicio por medio de la luz usted no puede ni aún imitar, pero ahora como la luz de Dios juzga, el espíritu y alma están divididos; la realidad se pone de manifiesto.

Lo que el Señor hace es punzar al hombre interior con una luz penetrante. Puede suceder mientras estamos escuchando un mensaje, u orando a solas, o en comunión con otros, o aún caminando solos. Esta luz incomparable nos muestra cuánto pertenece a nosotros mismos. Nos revela que muy poco de lo que procede de nuestro interior es realmente obra del Señor. En la conversación, en las actividades, en obras, en celo, en la predicación, en la ayuda a otros, en todo el campo de la vida, nuestro yo predomina. Sin embargo, una vez que nuestro yo que estaba oculto es traído a la luz, nuestra condenación del hombre exterior será espontánea. Cada vez que nuestro yo se expresa, instantáneamente lo lamentare-

mos y lo juzgaremos. Es solamente después de tal iluminación que podemos dividir el espíritu del alma. De
aquí en adelante viviremos ante el Señor con nuestro
espíritu liberado. Ya es puro y no ofrece dificultad al
Señor.

Así, la división del espíritu y alma depende de la
iluminación; o sea, que podemos ver como Dios ve. ¿Qué
ve Dios, exactamente? Él ve lo que nosotros no vemos.
Estamos ciegos a lo que es de nosotros, pensando que es
de Dios, mientras que en realidad no lo es. Aquello que
profesábamos ser bueno, en esta luz ahora lo condenamos. Lo que considerábamos como de valor, ahora lo
rechazamos. Lo que pasaba por espiritual ahora lo reconocemos como del alma. Y lo que pensábamos que era
de Dios, ahora sabemos que es del yo. Confesamos:
"¡Señor! Ahora llego a conocerme. He estado ciego por
veinte o treinta años, y no me daba cuenta. No me he
visto como Tú me has visto."

Tal visión lo libra a uno del peso muerto del yo.
El "ver" es resultado de su obra en nosotros. La Palabra de Dios es eficaz, pues nos ilumina para desechar
al hombre exterior. No es que después de haber oído
la Palabra de Dios, usted va cambiando gradualmente,
como si el ver fuera un paso y el desechar otro. No, el
acto de recibir iluminación ocurre simultáneamente con
la obra de destrucción de la carne. Tan pronto como la
luz llega, la carne muere. Ninguna carne puede vivir en
esa luz. El momento que uno entra a la luz queda postrado. La luz ha desterrado la carne. Amados, esto es
efectividad. En verdad, la Palabra de Dios es viva y
eficaz. Dios no habla y luego espera que usted produzca.
Su palabra es efectiva en su vida.

Quiera el Señor abrir nuestros ojos para ver la
importancia de la disciplina del Espíritu Santo y de su
revelación. Estas dos se dan la mano para tratar efectivamente a nuestro hombre exterior. Esperamos de Dios
su gracia para poder colocarnos bajo su luz y para ser

iluminados de tal manera que nos inclinemos ante Él, reconociendo: "Señor, cuán tonto y ciego he sido todos estos años al confundir lo que fluye de mí como si viniera de tí. ¡Señor, ten misericordia de mí!"

Capítulo 8

¿Qué impresión causamos?

E L hecho que podamos hacer la obra del Señor, no depende tanto de NUESTRAS PALABRAS O ACCIONES, sino más bien de lo que FLUYE de nosotros. No estamos capacitados para edificar a otros si decimos una cosa y demostramos ser otra cosa en nuestras vidas; si actuamos de una manera y vivimos de otra. Lo que emana de nosotros es de fundamental importancia.

A menudo decimos que nuestra impresión de una cierta persona es buena o mala. ¿Cómo recibimos tal impresión? No es sólo por sus palabras, ni aún por sus acciones. Un "algo" misterioso se expresa mientras está hablando o actuando. Es esto lo que nos da la impresión.

Lo que otros perciben en nosotros es nuestro rasgo más sobresaliente. Si nuestra mente nunca ha sido tratada por Dios y es indisciplinada, naturalmente usaremos nuestra mente para ponernos en contacto con las personas, y lo que ellos recibirán será el impacto de nuestra lucidez o fuerza mental. Si poseemos un afecto excesivo, o si somos demasiado efusivos o fríos, otros tomarán nota de esto en su impresión de nosotros. Cualquiera que sea nuestra característica más fuerte, invariablemente resaltará e impresionará a los demás. Tal vez podemos controlar nuestra conversación o acción, pero no somos capaces de reprimir aquello que nuestra naturaleza expresa. Lo que somos, no podemos evitar de revelarlo.

En 2ª Reyes capítulo 4 se relata cómo la sunamita recibió a Eliseo. "Aconteció que un día pasaba Eliseo por Sunem; y había allí una mujer importante, que le invitaba insistentemente a que comiese; y cuando él pasaba por allí, venía a la casa de ella a comer. Y ella dijo a su marido: He aquí ahora, yo entiendo que éste que siempre pasa por nuestra casa, es varón santo de Dios." Note que Eliseo no predicaba sermones ni hacía milagros. El meramente entraba y comía cada vez que pasaba por ese camino. Por la manera en que comía, la mujer lo reconoció como un santo varón de Dios. Esta era la impresión que Eliseo causaba a los demás.

Deberíamos preguntarnos: ¿qué impresión doy yo a los demás? Cuán a menudo hemos recalcado la necesidad de que el hombre exterior sea quebrantado. Si este quebrantamiento no se realiza, otros se enfrentarán con el impacto de nuestro hombre exterior. Cada vez que estamos en su presencia, ellos se sentirán incómodos por nuestro amor propio, u orgullo u obstinación o astucia o elocuencia. Quizás la impresión que dejamos es favorable, pero ¿es del agrado de Dios? ¿Tal impresión llenará la necesidad de la Iglesia? Si Dios no está satisfecho, y la Iglesia no es edificada, cualquier impresión que dejemos es nula.

Amados, la intención plena de Dios requiere que nuestro espíritu sea liberado. Es imperativo para el crecimiento de la Iglesia. ¡Cuán urgente es, entonces, que nuestro hombre exterior sea quebrantado! Sin este quebrantamiento nuestro espíritu no puede fluir, y la impresión que dejamos en otros no será una impresión espiritual.

Supongamos que un hermano está hablando sobre el Espíritu Santo. Aunque su tema es el Espíritu Santo, sus palabras, sus actitudes, y sus ilustraciones están llenas de él mismo. Quizás sin saber por qué, el auditorio interiormente sufre mientras lo escucha. Su boca está llena del Espíritu Santo, y sin embargo la impresión que deja en sus oyentes, es de sí mismo. ¿Cuál es el valor de una charla tan vacia? Ninguno.

Antes de dar importancia a la enseñanza, pongamos más énfasis a lo que sale de nosotros. Dios no está observando para ver si nuestra enseñanza es más o menos profunda; Él quiere apropiarse de nosotros para fines espirituales. Si nuestra naturaleza no es tratada correctamente, podemos impartir una así llamada enseñanza espiritual, pero no habrá comunicación espiritual. ¡Qué trágico cuando meramente causamos impresión al hombre exterior mas no impartimos una impresión de vida al hombre interior!

Una y otra vez Dios ordena nuestras circunstancias para quebrantarnos en nuestro punto fuerte. Usted puede ser herido una vez, dos veces, pero aún tendrá que venir el tercer golpe. Dios no le dejará solo. Él no detendrá su mano hasta que haya quebrantado ese rasgo sobresaliente.

Lo que el Espíritu Santo lleva a cabo cuando estamos siendo disciplinados es totalmente diferente a lo que sucede cuando estamos oyendo un mensaje. Un mensaje que oímos a menudo puede quedar en nuestra mente por varios meses, posiblemente aún años, antes que su verdad llegue a ser efectiva en nosotros. Así el oír muchas veces precede a la verdadera entrada de vida. Sin embargo, por medio de la disciplina del Espíritu Santo, vemos la verdad más rápidamente y así la poseemos. ¡Es extraño que tomamos conocimiento por medio de un mensaje con más facilidad de lo que aprendemos por medio de la disciplina! Una vez que oímos recordamos. Pero podemos ser disciplinados diez veces y aún preguntarnos por qué. El día que la disciplina lleva a cabo su propósito, es el día que usted realmente "ve" la verdad y entra en su realidad. La obra del Espíritu Santo es quebrantarlo por una parte y edificarlo por la otra. Así su corazón dirá: "Gracias al Señor. Ahora sé que su mano ha estado sobre mí disciplinándome durante estos cinco o diez años, justamente para quebrantar este punto fuerte de mi personalidad".

La asombrosa obra del quebrantamiento por medio de la iluminación

Habiendo considerado la obra disciplinaria del Espíritu Santo, ahora veamos cómo Él emplea otro medio para tratar nuestro hombre exterior. Además de la disciplina habrá iluminación. Algunas veces estas dos son usadas simultáneamente, otras veces alternativamente. A veces la disciplina es empleada en circunstancias planeadas para nivelar nuestro rasgo sobresaliente; otras veces, Dios con su gracia brilla sobre nosotros para iluminarnos. La carne, como sabemos, vive oculta en la oscuridad. Permitimos que se manifiesten muchas obras de la carne a través nuestro porque no las reconocemos como tales. Una vez que su luz nos revela la carne, temblamos sin atrevernos ni siquiera a movernos.

Hemos observado esto especialmente cuando la Iglesia es rica en la Palabra de Dios. Cuando el ministerio de la Palabra es fuerte y no hay falta de ministerio profético, la luz inunda en forma clara y fuerte. En tal luz usted llega a darse cuenta que aún su condenación de su orgullo es el mismo orgullo. En efecto, su propia conversación en contra de su orgullo es jactanciosa. De este modo tan pronto como usted ve orgullo a la luz, seguramente ha de decir: "¡Ay! ¡Así que esto es orgullo! ¡Cuán aborrecible y sucio es!" El orgullo visto a la luz de la revelación difiere completamente del orgullo mencionado tan volublemente. Tal iluminación revela su verdadera condición. Inmediatamente usted empieza a comprender que es diez mil veces peor que cualquiera de sus nociones preconcebidas de sí mismo. Justamente allí y en ese momento su orgullo, su yo, su carne, se marchitan y mueren sin esperanza de renacimiento.

Cualquier cosa que sea revelada "a la luz" es eliminada por esa misma luz. Esto es realmente maravilloso. No somos primeramente iluminados y luego, con el transcurso del tiempo, gradualmente conducidos a muerte. Más bien caemos instantáneamente ante la luz que llega. Cuando el Espíritu Santo se revela, nosotros somos tratados. La revelación, entonces, implica tanto el "ver" como el quebrantar. Es la manera singular de Dios de tratar con sus hijos. Una vez que la falta de limpieza es realmente revelada, no puede permanecer. Por lo tanto la luz revela y mata a la vez.

Esta destrucción por medio de la luz es una de las experiencias cristianas más necesarias. Pablo no corrió hacia el costado del camino para arrodillarse cuando la luz brilló sobre él. El cayó en tierra. Aunque naturalmente capaz y confiado en sí mismo, reaccionó ante la luz cayendo perplejo a la vez que fue alumbrado en su interior. ¡Cuán efectiva fue esta luz que lo derribó en tierra! Notemos que todo esto sucedió simultáneamente. Podríamos suponer que Dios primero ilumina nuestro entendimiento y luego nos deja que hallemos la solución. Pero esta no es la manera de actuar de Dios. Dios siempre nos muestra cuán odiosos y contaminados estamos y nuestra reacción inmediata es: "¡Ay! ¡Qué miserable soy, tan sucio, tan despreciable!" Cuando Dios revela nuestro verdadero yo, equivale a caer como muertos. Una vez que una persona orgullosa ha sido verdaderamente iluminada, no puede ni siquiera hacer un intento de ser orgulloso nuevamente. El efecto de esa iluminación dejará su marca sobre él todos sus días.

Por otra parte, esta hora de iluminación es también la hora para creer; no para pedir, sino para doblegarnos profundamente. Dios sigue el mismo principio al salvarnos que en su obra posterior en nosotros. Cuando el esplendor del evangelio brilla sobre nosotros, no oramos, "Señor, te ruego que seas mi Salvador". Orar así, aún durante días, no traería seguridad de salvación. Simplemente decimos: "Señor, te recibo como mi Salvador". ¡Instantáneamente se realiza la salvación! De igual manera, en la obra subsecuente de Dios, tan pronto como la luz desciende sobre nosotros, deberíamos postrarnos bajo su luz y decir al Señor: "Señor, acepto tu sentencia. Estoy de acuerdo con tu juicio". Esto nos preparará para recibir más luz.

En esa hora de revelación, aún las acciones nobles, realizadas en su nombre y por amor a Él, perderán su brillantez. En todo propósito, aún en los más sublimes, usted detectará la tendencia más miserable. Lo que usted consideraba como totalmente para Dios, ahora aparece enredado con el yo. ¡Ay! el yo parece penetrar todo vestigio de su ser, quitándole gloria a Dios.

¡Al hombre le ha parecido que no hay profundidad que no pueda sondear! Sin embargo se necesita la revelación de Dios para descubrir nuestra verdadera condición. Dios no se detendrá hasta que nos deje al descubierto para que nos podamos ver a nosotros mismos. Al principio Él sólo nos conoce, pues estamos siempre despojados y desnudos ante Él. Pero una vez que Dios ha puesto de manifiesto cuáles son los pensamientos y designios de nuestro corazón, entonces quedamos desnudos ante nosotros mismos. ¿Cómo podremos levantar nuevamente nuestra cabeza? La suavidad en el trato con nosotros mismos se vuelve cosa del pasado. Aunque solíamos pensar que éramos mejores que otros, ahora sabemos lo que realmente somos, y estamos avergonzados de hacernos ver. Buscamos en vano una palabra adecuada para describir nuestra falta de limpieza y nuestra vileza. Nuestra vergüenza nos pesa como si soportáramos la vergüenza del mundo entero. Como Job caemos delante del Señor y nos arrepentimos: "Me aborrezco y me arrepiento en polvo y ceniza. Seguramente estoy fuera de toda posibilidad de restauración".

Tal iluminación, tal aborrecimiento propio, tal vergüenza y humillación, tal arrepentimiento nos libran de la esclavitud de largos años. Cuando el Señor ilumina, Él libra. La iluminación es liberación, y ver es sinónimo de libertad. Solamente así nuestra carne cesa de actuar y nuestra cáscara exterior es quebrada.

Disciplina comparada con revelación

Comparemos ahora la disciplina y la revelación del Espíritu Santo. La disciplina del Espíritu Santo es usualmente un proceso más lento, repetido una y otra vez quizás por años antes que el punto en cuestión sea tratado. Además, a menudo esta disciplina del Espíritu Santo existe sin ningún ministerio particular. No es así con la revelación del Espíritu Santo. Este a menudo viene velozmente, en unos pocos días o posiblemente en pocos minutos. Bajo la luz de Dios, usted verá en un tiempo muy breve su verdadera condición y cuán inútil es. Frecuentemente, la revelación viene por medio de la Palabra. Es por eso que la revelación del Espíritu Santo se acentúa y aumenta cuando la Iglesia es fuerte y hay un ministerio rico de la Palabra de Dios.

Sin embargo, nadie debería imaginarse que, en ausencia de ministerio tan rico y revelación tan continua, está en libertad de vivir de acuerdo a su hombre exterior. Es importante recordar que la disciplina del Espíritu Santo es eficaz. Aunque uno pueda estar privado del contacto con otros creyentes por años, la presencia del Espíritu Santo con él es una seguridad de que puede llegar a un buen estado espiritual siempre que responda a la disciplina del Espíritu. Mientras la debilidad de la Iglesia puede traer como resultado que a algunos miembros les falte la edificación de la Palabra, sin embargo, sólo tienen que culparse a sí mismos si no aprecian el valor de la disciplina del Espíritu. Además, su fracaso no significa que el Espíritu Santo no los haya disciplinado o que no lo esté haciendo. Más bien, significa que los años de disciplina no ha producido efecto. Aunque el Señor ha golpeado una y otra vez, no obstante ellos han permanecido ignorantes en cuanto a su significado. Como un caballo o mulo empecinado y falto de entendimiento, parecen no penetrar en la mente del Señor, aún después de diez años de tratamiento. ¡Cuán dignos de lástima son los que se encuentran en esta condición! Podemos solamente llegar a esta conclusión: la disciplina abunda en muchas vidas; pero falta el reconocimiento de la mano del Señor en esa disciplina.

¡Cuán a menudo cuando el Señor nos trata, vemos solamente la mano del hombre! Eso es muy equivocado. Nuestra actitud debería ser como la del salmista: "Enmudecí, no abrí mi boca, porque Tú lo hiciste" (Salmo 39:9). Debemos recordar que es Dios quien está tratando con nosotros, no nuestro hermano o hermana o cualquier otra persona.

¿Ha estado el Señor disciplinándonos por años, pero en vez de reconocer su mano, echamos la culpa a otras personas o a la suerte? Recordemos que TODO ES MEDIDO POR DIOS PARA NOSOTROS. Él ha determinado con anterioridad su tiempo, su límite y su fuerza, a fin de quebrantar ese rasgo sobresaliente en nosotros, tan difícil de tratar. ¡Oh, que tengamos la gracia de reconocer el significado de su mano buscando destrozar este hombre exterior! Hasta que eso suceda, las personas solamente se encontrarán con ese "yo" imperioso cuando se pongan en contacto con nosotros. Hasta que ese quebrantamiento tome lugar, nuestro espíritu no podrá fluir libremente hacia ellos.

Sinceramente rogamos que la Iglesia pueda conocer a Dios como nunca antes; que los hijos de Dios puedan ser cada vez más fructíferos para Él. El Señor se propone traernos al lugar donde no solamente nuestro mensaje del evangelio y ministerio de enseñanza estén correctos, sino que nosotros también estemos en condiciones adecuadas. El problema es: ¿Puede Dios ser plenamente liberado a través de nuestro espíritu?

Cuando el espíritu es liberado, suple las necesidades del mundo. Ninguna obra es más importante o completa que ésta, y nada puede ocupar su lugar. El Señor no está tan interesado en sus enseñanzas o sermones, como lo está en la impresión que usted causa. Lo que sale de su interior: éste será la medida de su valor real en última instancia ¿Impresiona usted a las personas con su personalidad o con el Señor? ¿Permite que las personas toquen sus enseñanzas o a su Señor? Esto es realmente vital, pues determina el valor de toda su obra y trabajo.

Amados, tengan por seguro que el Señor presta mucho más atención a lo que sale de su vida interior que a lo que sale de su boca. No olvide que en todo contacto que usted establece con otro, algo sale de su interior. Es o usted mismo o Dios que halla salida; su hombre exterior o el espíritu. Finalmente yo preguntaría: cuando usted está parado delante de la congregación, ¿qué es lo que fluye? Y para que no seamos demasiado rápidos para dar una respuesta recordemos que esta cuestión básica solamente puede ser contestada correctamente en la luz que procede de Dios.

Capítulo 9

Mansedumbre y quebrantamiento

EL método de Dios para quebrantar nuestro hombre exterior varía de acuerdo con el blanco. Expliquemos este blanco de la siguiente manera. En algunos, es su amor propio; en otros su orgullo. Hay aquellos cuya independencia y astucia necesitan ser destruidos; los tales se encontrarán en una dificultad tras otra, derrotados cada vez, hasta que aprendan a decir: "No vivimos en la sabiduría de la carne, mas por la gracia de Dios". Aquellos cuyo rasgo sobresaliente es la subjetividad se encontrarán en circunstancias peculiares a su necesidad. Luego, hay personas que siempre están rebosantes de ideas y opiniones. Mientras que la Biblia pregunta: "¿Hay para Dios alguna cosa difícil?", ¡algunos hermanos mantienen que nada es demasiado difícil para ellos! Se jactan que pueden hacerlo todo, y aunque resulte extraño, fracasan en toda empresa. Cosas que parecían tan sencillas, se quiebran en sus manos. Con perplejidad se preguntan: "¿Por qué?" Esta es la forma en que el Espíritu Santo los invade para alcanzar el blanco que persigue. Tales ilustraciones muestran cómo la meta del Espíritu varía con cada individuo en particular.

Hay también una variación en el ritmo del tratamiento del Espíritu Santo. A veces los golpes pueden sucederse uno tras otro sin respiro, o puede que hayan períodos de calma. Pero el Señor a todos los que ama castiga. De este modo los hijos de Dios llevan heridas infligidas por el Espíritu Santo. Mientras que la aflicción puede variar, las consecuencias son las mismas: el yo interior es herido. Así, Dios toca nuestro amor propio u orgullo o inteligencia o subjetividad, cualquiera que constituya su blanco en el hombre exterior. Su intención es que por medio de cada descarga en el blanco, nos debilitemos más, hasta que llegue el día cuando estemos destrozados y dóciles en sus manos. Si el tratamiento toca nuestros afectos o nuestros pensamientos, el resultado final será producir una voluntad quebrantada. Todos somos por naturaleza obstinados. Esta obstinación estará apoyada por nuestros pensamientos, opiniones, amor propio, afecto o inteligencia. Esto explica las variaciones en el tratamiento del Espíritu Santo con nosotros. A la luz del análisis final, los golpes de Dios se dirigen a nuestra voluntad; pues ésta es la que representa nuestro yo.

De esta manera un rasgo común destaca a aquellos que han sido iluminados y disciplinados: se vuelven mansos. La mansedumbre es la señal del quebrantamiento. Todos los que están quebrantados por Dios se caracterizan por la mansedumbre. Anteriormente, podíamos darnos el lujo de ser obstinados porque éramos como un edificio bien sostenido por muchos pilares. Cuando Dios quita los pilares uno tras otro, la casa está destinada a caerse. Cuando el apoyo exterior es demolido, el yo no puede menos que caer.

Pero nosotros debemos aprender a reconocer la verdadera mansedumbre. No se engañen pensando que una voz suave indica una voluntad dócil. A menudo una voluntad de hierro yace escondida detrás de la voz más suave. La obstinación es asunto de carácter, no de voz. Algunos que parecen ser más dóciles que otros, delante de Dios son igualmente obstinados y egoístas. Para los tales, sólo puede haber la severidad de su tratamiento hasta que no se atrevan a actuar con presunción. Dios arregla para que los tratamientos que parecen externos nos toquen hasta lo más profundo; nunca más podremos levantar nuestras cabezas en estos asuntos particulares. Está irrevocablemente establecido que en los tales no podemos desobedecer al Señor; no nos atrevemos a insistir en nuestra opinión. El temor de la mano del Señor nos retiene. Es el temor de Dios que nos hace mansos. Cuanto más quebrantados estemos por medio del tratamiento de Dios, más mansos nos volvemos. Una verdadera mansedumbre implica un quebrantamiento interior.

Ilustremos el caso. Después de entrar en contacto con cierto hermano, usted puede percibir que él es verdaderamente dotado y sin embargo encuentra que no está quebrantado. Muchos están así: dotados pero no quebrantados. Esta falta de quebrantamiento es fácil de detectar. Tan pronto como usted lo conoce, percibe en él un doble sentido, puede observar en él su obstinación. No es así con uno que está quebrantado; en él hay una mansedumbre forjada por el Espíritu. En cualquier punto en que uno ha sido castigado por Dios, allí no se atreve a jactarse. Ha aprendido a temer a Dios en ese punto, y allí mismo se vuelve manso.

Les ruego que noten cómo las Escrituras usan diferentes metáforas para describir el Espíritu Santo. Es como fuego y como agua. El fuego habla de su poder, el agua de su limpieza. Pero refiriéndose a su carácter, dice que es como una paloma mansa y dócil. El Espíritu de Dios incorporará su naturaleza a nosotros poco a poco hasta que nosotros también podamos ser caracterizados por la paloma. La mansedumbre, nacida del temor de

Dios, es la señal de que hay quebrantamiento del Espíritu Santo.

Considerando las cualidades de la mansedumbre

Uno quebrantado por el Espíritu naturalmente posee mansedumbre. Sus contactos con las personas ya no son señalados por esa obstinación, dureza, y agudeza que caracterizan a un hombre no quebrantado. Ha sido traído al lugar donde su actitud es tan mansa como su voz es suave. El temor de Dios en su corazón naturalmente encuentra expresión en sus palabras y modales.

(1) **El ser accesible.** Hay varias cualidades que caracterizan a una persona que es mansa. Es accesible; es fácil comunicarse o hablar con ella, o hacerle preguntas. Confiesa su pecado prontamente y vierte lágrimas libremente. Cuán difícil es para algunos derramar lágrimas. No es que haya algún valor especial en las lágrimas; sin embargo, en aquel cuyo pensamiento, voluntad y emoción han sido tratados por Dios, las lágrimas a menudo denotan su prontitud para ver y reconocer su falta. Es fácil hablar con él, pues su cascarón externo ha sido quebrado. Abierto a las opiniones de otros, recibe bien las instrucciones, y en esta nueva condición puede ser edificado en todo sentido.

(2) **Alta Sensibilidad.** Nuevamente, uno que es manso, está alerta a su ambiente, ya que su espíritu puede fácilmente hallar salida y tocar los espíritus dentro de sus hermanos. El más leve movimiento en el espíritu de otro no pasa desapercibido para él. Casi inmediatamente puede conocer el verdadero significado de una situación, si está bien o mal. Cualesquiera que sean las circunstancias, inmediatamente responde su espíritu. Sus acciones son reflexivas y no herirá los sentimientos de los demás desconsideradamente.

Con demasiada frecuencia, persistimos en hacer cosas que en los espíritus de otros ya han sido condenados. Nuestro hombre exterior no está quebrantado. Otros lo perciben, pero nosotros no. Considere cómo esto puede ocurrir en las reuniones de oración, cuando los hermanos y hermanas quizás sientan repugnancia hacia nuestras oraciones. Sin embargo, aún continuamos con nuestro palabrerío. Los espíritus de los demás reaccionan y gritan: "Deja de orar", pero nosotros permanecemos insensibles. No hay reacción a los sentimientos de otros. No es así con uno cuyo hombre exterior ha sido quebrantado. Porque el Espíritu ha obrado una profunda sensibilidad, él naturalmente toca y puede ser tocado por los espíritus de los demás. Tal persona no será insensible a las reacciones de otros.

(3) **Aptitud para la vida corporativa.** Solamente los que están quebrantados saben lo que es el Cuerpo de Cristo. Sin mansedumbre difícilmente estarán listos para participar de la vida colectiva. Comienzan a tocar el espíritu del Cuerpo, y aún el sentir de los demás miembros. Si a uno le falta este sentimiento de pertenencia al Cuerpo, es como un miembro artificial del cuerpo, como una mano ortopédica, la cual puede moverse con el cuerpo pero no tiene sentido. El cuerpo entero lo ha percibido, menos él. Tampoco puede mansamente recibir instrucción o corrección. Uno que está quebrantado puede tocar la conciencia de la Iglesia y conocer su sentir, pues su espíritu está abierto al espíritu de la Iglesia para recibir cualquier comunicación de ella.

¡Cuán preciosa es esta sensibilidad! Cada vez que hacemos algo mal, inmediatamente lo sentimos. Aunque no estamos eximidos del mal obrar, no obstante poseemos una facultad que rápidamente nos aguijoneará. Los hermanos y hermanas saben que uno está equivocado, pero aún antes que abran la boca, se da cuenta de su verdadera condición por el mero contacto con ellos. Uno toca el espíritu en ellos, y percibe si ellos aprueban o desaprueban. Llega a ser evidente que la mansedumbre, que es el fruto del quebrantamiento, es un requisito básico, sin la cual la vida en el Cuerpo es imposible.

El Cuerpo de Cristo vive de la misma manera que nuestro cuerpo físico. No requiere el llamado de un concilio general a fin de llegar a decisiones, ni hay necesidad de prolongadas discusiones; todos los miembros naturalmente poseen un sentimiento común y ese sentimiento expresa la mente del Cuerpo. Lo que es más: también es la expresión del sentir de la Cabeza. Así, la mente de la Cabeza es conocida por medio de la del cuerpo. Después que nuestro hombre exterior está quebrantado, empezamos a vivir en esa conciencia colectiva como miembros relacionados de su Cuerpo y podemos ser fácilmente corregidos.

(4) **Aptitud para recibir edificación.** La mayor ventaja del quebrantamiento, sin embargo, no es la corrección de nuestros errores, sino más bien, el hacernos capaces de recibir la edificación de todos. Nuestro espíritu está entonces liberado y abierto para recibir ayuda espiritual, cualquiera que sea la fuente. Uno que no está quebrantado, difícilmente puede ser ayudado. Suponga, por ejemplo, que un hermano tiene un intelecto agudo, pero sin quebrantar. Puede que venga a las reuniones, pero no es tocado. A menos que encuentre a otro cuya mente sea más aguda que la suya, no recibirá ayuda. Analizará los pensamientos del predicador y los rechazará como inútiles y sin significado. Meses y años pueden pasar sin que él sea tocado. Está rodeado por el muro de su mente, y parecería que solamente por medio de su intelecto pueda ser ayudado. En tal condición no puede recibir edificación espiritual. Sin embargo, si el Señor entrara e hiciera trizas este muro, mostrándole lo inútil de sus propios pensamientos, se volvería atento como un niño a lo que los demás puedan decir. Ya no despreciaría a las personas que parecen estar en inferiores condiciones en cuanto a capacidades y aptitudes.

Al escuchar un mensaje, usaría su espíritu para ponerse en contacto con el espíritu del predicador, antes que fijarse en la pronunciación de palabras o en la presentación de la doctrina. Cuando el espíritu del predicador es liberado con una palabra definida del Señor, su espíritu sería refrescado y edificado. Si el espíritu de uno está libre y abierto, recibe ayuda cada vez que el espíritu de su hermano halla salida. Pero recuerde, esto no es lo mismo que ser ayudado doctrinalmente. Mientras más haya sido tratado el espíritu de un hombre por Dios, más completamente estará quebrantado el hombre exterior; y en consecuencia, mayor ayuda puede recibir. Y más aún, es verdad que cada vez que el Espíritu de Dios ha hecho una obra en un hermano éste no juzgará más a otros meramente por su doctrina, palabras o elocuencia. Su actitud es enteramente cambiada. Es una ley invariable: la medida de la ayuda que alguien recibe, depende de la condición de su espíritu.

Ahora debemos entender claramente lo que significa el ser edificado. No puede significar pensamientos ampliados, ni comprensión mejorada, ni mayor conocimiento doctrinal. Simplemente significa que mi espíritu una vez más ha entrado en contacto con el Espíritu de Dios. No importa por medio de quién se mueve el Espíritu de Dios, ya sea en la reunión o en la comunión individual, soy nutrido y refrescado. Mi espíritu es muy semejante a un espejo, es lustrado vez tras vez.

Expliquémoslo de esta manera: cualquier cosa que proceda del espíritu da brillo a todo lo que toca. Como individuos somos muy semejantes a lamparitas eléctricas de diferentes colores. Sin embargo, el color no interfiere con la conducción de la electricidad a través de ellas.

Tan pronto como la electricidad fluye dentro de una lámpara, ésta se ilumina. Así es en nuestro espíritu; cuando está la corriente de su Espíritu, olvidaremos la teología que hemos aprendido. Lo único que sabremos es que ha venido el Espíritu. En vez de un mero conocimiento, tenemos una "luz interior". Somos refrescados y alimentados en su presencia. Una vez nuestro intelecto nos trabó, pero ahora podemos fácilmente ser ayudados. Ahora entendemos por qué es difícil para otros recibir ayuda. Comprendemos que es menester pasar mucho tiempo en oración antes de poder tocarlos en espíritu. No hay otra forma de ayudar a una persona obstinada. Como veremos en la próxima lección, hay un camino que Dios ha designado para la verdadera efectividad.

Capítulo 10

Dos caminos muy diferentes

D EBEMOS reconocer que existen dos caminos muy diferentes de ayuda. Primero, "hay camino que al hombre le parece derecho", en el cual la ayuda es recibida desde afuera, por medio de la mente, por la doctrina y la exposición. Muchos aún profesan haber sido grandemente ayudados de esta manera. Sin embargo, es una "ayuda" muy diferente de aquella ayuda que Dios realmente quiere darnos.

En segundo lugar, debemos ver que el camino de Dios, es el camino de espíritu tocando espíritu. No es al desarrollar nuestras facultades mentales, ni al ampliar nuestro conocimiento, sino al experimentar este contacto, que nuestra vida espiritual es edificada. Que nadie se engañe; hasta que no hayamos encontrado este camino, no habremos hallado el verdadero cristianismo. Este es el único camino de recibir edificación en el espíritu.

Expliquémoslo de esta manera: si usted está acostumbrado a oír sermones, sin duda le disgustaría escuchar dos veces el mismo mensaje del mismo predicador. Usted está seguro que alcanza con oír ese mensaje una vez. Esto es porque su concepto del cristianismo es simplemente doctrina, el almacenaje de conocimiento correcto en su mente. ¿No se da cuenta usted que la edificación no es cuestión de doctrina, sino de espíritu? Si su hermano habla a través del espíritu, usted será lavado y limpiado cada vez que su espíritu sale y le toca, no importa cuán familiar sea el tema o cuántas veces ha oído ese tema en particular. Cualquier enseñanza o doctrina que no resulte en el refrescar al espíritu sólo puede ser considerada como letra muerta.

Además, hay algo muy notable acerca de la persona que está quebrantada. Usted no solamente está capacitado para dar ayuda, sino que al darla, también es ayudado. Usted está orando con un pecador que está buscando al Señor, y al mismo tiempo es fortalecido interiormente. Puede ser que sea guiado a hablar severamente con un hermano que está descarriado; no sólo su espíritu es avivado, sino que también usted es interiormente edificado en el proceso. Puede recibir ayuda de cualquier contacto espiritual. Usted se maravilla que el Cuerpo entero le está ministrando vida como a un miembro. Cualquier miembro del Cuerpo puede suplir su necesidad, y usted será ayudado. Llega a ser el recipiente de la provisión de parte de todo el Cuerpo. ¡Cuán rico debe ser! Usted puede regocijarse de verdad: "La riqueza de la Cabeza es la del Cuerpo, y la del Cuerpo es mía". ¡Cómo difiere esto de la nueva adquisición de conocimiento mental!

Esta capacidad de recibir ayuda, permitiendo que el espíritu de otro toque nuestro espíritu, es prueba que uno está quebrantado. La astucia en sí no es el impedimento; más bien, es señal de que la corteza exterior es más dura que la de otros. En la misericordia del Señor, una persona astuta debe ser drásticamente tratada, quebrantada en muchas maneras y repetidas veces hasta que un día, puede recibir la provisión de toda la Iglesia. Preguntémonos: "¿Estamos capacitados para recibir esta provisión de otros?" Si no podemos recibir, es probable que nuestro duro cascarón impide el encuentro del espíritu de nuestro hermano cuando es liberado. Pero si estamos quebrantados, tan pronto como su espíritu se mueve, somos ayudados. No es cuestión, entonces, de cuán poderoso es el espíritu, sino si los espíritus se han puesto en contacto. Es este contacto que reaviva y edifica. ¡Qué necesidad, entonces, que sea destruido el hombre exterior! No puede haber duda que esto constituye el requisito básico para recibir ayuda y para poder ayudar a otros.

Comunión en el espíritu

Mientras que hay muchas clases diferentes de comunión, hay comunión espiritual que es mucho más que el intercambio de ideas y opiniones. Es la acción recíproca de espíritus. Esta clase de comunión es posible sólo después que nuestro hombre exterior está destrozado, y nuestro espíritu queda así liberado para tocar el espíritu de otros. En este compartir de espíritu experimentamos la comunión de los santos y entendemos lo que significan las Escrituras cuando dicen "comunión del Espíritu". Es verdaderamente una comunión espiritual, y no una comunicación de ideas. A través de esta comunión en el espíritu podemos crar unánimemente. El hecho que muchos oran por medio de su mente, independiente de su espíritu, hace difícil para ellos encontrar otro con el mismo pensamiento, que pueda orar en armonía con ellos.

Cualquiera que es nacido de nuevo y tiene el Espíritu Santo morando en él, puede tener comunión con nosotros. Esto es posible porque nuestro espíritu está abierto para la comunión, listo para recibir, y ser recibido por el espíritu de nuestro hermano. Y así podemos tocar el Cuerpo de Cristo, pues nosotros somos el Cuerpo. ¿Entendemos lo que realmente significa cuando decimos que nuestros espíritus son el Cuerpo de Cristo? En verdad, "un abismo llama a otro" (Salmo 42:7). La profundidad de su ser está reclamando una respuesta de mi espíritu; y mi ser está ansioso de sentir la expresión que emana de la profundidad de toda la Iglesia. Aquí está la comunión de los abismos, el llamado y la respuesta de uno al otro. Esta es la cosa de primordial necesidad si hemos de ser útiles delante del Señor y si hemos de tocar correctamente el espíritu de la Iglesia.

Una mansedumbre que no puede imitarse

Cuando sugerimos que debemos ser mansos no estamos tratando de persuadirlo a que actúe como si fuera manso. Si lo hace, pronto encontrará que aún esta mansedumbre de fabricación humana necesita ser destruida. Debemos aprender de una vez por todas que la lucha humana para imitar mansedumbre es vana. Todo debe ser del Espíritu Santo, pues Él solo sabe nuestra necesidad y ordenará las circunstancias que conducen a la destrucción de nuestro hombre exterior.

Nuestra responsabilidad es pedir luz a Dios para que podamos reconocer la poderosa mano del Espíritu Santo y gustosamente someternos a ella, reconociendo que cualquier cosa que Él haga está bien. No seamos caballos o mulos sin entendimiento. Más bien, entreguémonos al Señor para que Él obre en nosotros. Cuando usted se rinda al Señor, descubrirá que su obra en realidad comenzó cinco o diez años antes, aunque pareciera que no ha producido ningún fruto en usted. Hoy ha experimentado un cambio. Por fin puede orar: "Señor, yo estaba ciego, no sabiendo cómo Tú me estabas guiando. Ahora veo que Tú deseas quebrantarme. Por eso me rindo a Ti". Entonces, todo lo que era estéril durante cinco o diez años, comienza a llevar fruto. Encontramos al Señor moviéndose para destruir muchas cosas de cuya existencia ni estábamos apercibidos. Esta es su obra maestra: privarnos del orgullo, amor propio y exaltación propia, para que nuestro espíritu pueda ser liberado y ejercitado para ser útiles.

Dos cuestiones importantes

Dos preguntas surgen aquí para nuestra consideración. La primera es: ya que el quebrantamiento del hombre exterior es la obra del Espíritu Santo que hace vana la imitación del hombre, ¿deberíamos tratar de detener cualquier acción carnal que reconozcamos, o esperar pasivamente hasta que venga mayor luz del Espíritu Santo, el ejecutor de la obra?

Ciertamente es correcto y adecuado que deberíamos poner fin a toda actividad carnal, pero debemos ver que esto es muy diferente de la imitación de la obra del Espíritu. Para dar una ilustración: aunque soy orgulloso, no debo dar lugar al orgullo, y sin embargo no finjo ser humilde. Yo puedo perder la paciencia con otros, y sin embargo la mantengo bajo control: con todo, esto no me hace dócil. Mientras lo negativo está luchando por reconocimiento, debo resistirlo sin tregua. No obstante, no debería simular tener lo real. Esta es la distinción importante: el orgullo es una cosa negativa, así que debo tratarla; la humildad es algo positivo; por lo tanto, no puedo imitarla. Aunque debo poner fin a todas las actividades carnales que reconozco en mí, no necesito imitar la virtud positiva. Todo lo que tengo que hacer es encomendarme al Señor, diciendo: "Señor, no hay razón para esforzarme en imitar. Estoy confiando en Ti, que hagas la obra".

La imitación externa no es de Dios; es del hombre. Todos los que buscan al Señor deben aprender interiormente, y no solo conformarse con lo exterior. Debemos permitir que Dios termine su obra dentro de nosotros ANTES de esperar la evidencia en una manifestación exterior. Cualquier cosa manufacturada exteriormente es irreal y condenada a la destrucción. Quien inconscientemente posee una imitación defrauda a los demás a la vez que a sí mismo. Al tiempo que el comportamiento fingido se multiplica, la persona misma llega a creer que aquella es su verdadera personalidad. A menudo es difícil convencerla de su falta de realidad, pues no puede distinguir lo verdadero de lo falso. Por lo tanto, no debemos tratar de imitar exteriormente. Es mucho mejor ser naturales; esto abre el camino para que Dios obre en nosotros. Seamos sencillos y no imitemos cosa alguna, en la confianza que el Señor mismo añadirá sus virtudes a nuestras vidas.

La segunda pregunta es: Algunos están naturalmente dotados de ciertas virtudes como la docilidad; ¿hay diferencia entre la docilidad natural y la docilidad que viene por medio de la disciplina?

Hay dos puntos para tener en cuenta al responder a esta pregunta. Primero, todo lo que es natural es independiente del espíritu, mientras que todo lo que llega a través de la disciplina del Espíritu Santo, está bajo el control del espíritu, moviéndose solamente al tiempo que se mueve el espíritu. La docilidad natural realmente puede llegar a ser un impedimento al espíritu. Uno que es habitualmente dócil es dócil en sí mismo, no "en el Señor". Supongamos que el Señor quiere que se ponga de pie y pronuncie algunas palabras fuertes. Su docilidad natural le impedirá obedecer al Señor. Diría en cambio: "Ah, esto no lo puedo hacer. Nunca en mi vida he pronunciado tales palabras duras. Que algún otro hermano lo haga. Yo simplemente no puedo". Usted ve como esta docilidad natural no está bajo el control del espíritu. Cualquier cosa que es natural tiene su propia voluntad y es independiente del espíritu. Sin embargo, la docilidad que llega por medio del quebrantamiento, puede ser usada por el espíritu, pues no ofrece resistencia y no da su propia opinión.

En segundo lugar, una persona por naturaleza dócil, es dócil solamente mientras usted va de acuerdo a su voluntad. Si usted la obliga a hacer lo que no le gusta, cambiará su actitud. En las así llamadas virtudes humanas, el elemento de negación propia está ausente. Es obvio que el propósito de todas ellas es construir y establecer su vida propia. Cada vez que el "yo" es violado, las virtudes desaparecen. Las virtudes que surgen de la disciplina, por el contrario, se poseen solamente después que nuestra desagradable vida propia ha sido destruida. Donde Dios está destruyendo el "yo" allí se ve verdadera virtud. Cuando más sea herido el yo, más brillante se ve la verdadera docilidad. La docilidad natural y el fruto espiritual son entonces básicamente diferentes.

Una exhortación final

Habiendo dado énfasis a la importancia de la destrucción de nuestro hombre exterior, tengamos cuidado no sea que afectemos esto artificialmente. Debemos someternos a la poderosa mano de Dios, aceptando todos los tratamientos necesarios. Cuando el hombre exterior es destruido, el interior es fortalecido. Algunos puede que encuentren al hombre interior aún débil. No ore usted pidiendo fuerza para corregir esto, pues la Biblia nos manda: "Fortaleceos". Proclame que su meta es ser fuerte. Lo maravilloso es que después que su hombre exterior esté destruido, usted puede ser fuerte cada vez que quiera. El problema de fuerza es solucionado con el problema del hombre exterior. Deseando ser fuerte, usted es fuerte. Nadie puede bloquear su paso. El Señor dice: "Fortaleceos". En el Señor usted también dice: "Sé fuerte" y usted halla que es fuerte.

El hombre interior es puesto en libertad sólo después que el hombre exterior ha sido destruido. Esta es la condición básica para el servicio a Dios.

¿Cómo contestaría usted esta pregunta?

¿Debe meditar el creyente?

192 págs.   ISBN 0-88113-272-1

En este libro, que consta de dos partes, se presenta un estudio exhaustivo de lo que dice la Palabra de Dios sobre la meditación bíblica. La primera parte explora las verdades fundamentales de la meditación bíblica y presenta los requisitos esenciales para una meditación eficaz de la Palabra de Dios.

La segunda parte ofrece instrucciones detalladas para meditar en la Palabra de Dios y para pasar tiempo a solas con el Señor. Al final de cada capítulo de esta sección se ofrece un ejercicio para aplicar las verdades aprendidas.

A Solas con Dios es un libro excelente para estudio bíblico personal o en grupo.

Lo último en novedades

Jesús le dijo: Ve, tu hijo vive. Y el hombre creyó la palabra que Jesús le dijo, y se fue.
JUAN 4:50.

La fe no es un sentido, ni es vista, ni razón, sino confianza en la Palabra de Dios.

Enero 4

Manantiales
EN EL
Desierto
Mrs. Charles E. Cowman

368 págs.   ISBN 0-88113-022-2

Al alcance de su mano, un novedoso tesoro de inspiración y aliento para usar sobre su escritorio, escaparate, mesa o donde usted desee. Este libro devocional contiene, para cada día del año, un versículo bíblico y una selección inspiradora del "best-seller" *Manantiales en el Desierto*.

- *Esmerada presentación con una base tipo atril.*
- *Armado con espiral de plástico de colores.*
- *Práctico, con una página para cada día.*
- *Un regalo ideal para toda ocasión.*

Puede comprar este libro hoy mismo y comenzar a usarlo inmediatamente. Puesto que está fechado sólo con el mes y el día, podrá usarlo año tras año.

EDITORIAL ✥ BETANIA

Printed in the USA
CPSIA information can be obtained
at www.ICGtesting.com
JSHW030324230624
65117JS00023B/335